Ulrich Magin

Mysteriöses und kurioses Saarland

Ulrich Magin

Mysteriöses und kurioses Saarland

Unheimliches, Unglaubliches und Unerklärliches von der Saar

GeistkirchVerlag

Für meine Eltern Alfons und Magda und für meine Frau Susanne.

ISBN 978-3-949983-29-0

www.geistkirch.de

1. Auflage 2024

Verlag: Geistkirch Verlag, D-66121 Saarbrücken
Titelillustration: Bernd Kissel, D-66802 Berus
Satz und Layout: Harald Hoos, D-76829 Landau
Druck: Printing house ADverts, LV-1021 Riga, Lettland

Inhalt

Einleitung

Das Mysteriöse und Geheimnisvolle ereignet sich überall dort, wo die Übergänge von Wirklichkeit zu Vorstellungskraft verlaufen, wo die dünne Schale unserer Alltagsrealität einbricht und wir in tiefere Schichten blicken, wo Träume, Ängste und Wünsche wahr werden. Es kommt nicht einmal darauf an, ob etwas „wahr" ist, was als wahr geschildert wird, ob Erfindung, höchsteigene Realität, die von niemand sonst geteilt wird, oder wortwörtlich wahr im physikalischen Sinne. Wo immer ein UFO gesehen wird, selbst wenn es sich nur um ein Flugzeug handelt, das der Augenzeuge falsch gedeutet hat, da reißt die Gewohnheitsrealität auf und macht Platz für mehr – etwas Größeres, Ungewöhnliches, eben nicht Alltägliches.

Das Saarland eignet sich ideal für solche Überlegungen. Es ist in mehrerer Hinsicht Grenzland – zu Frankreich, zu Rheinland-Pfalz, es ist ländlich geprägt wie auch industriell, es ist agrarisch und zugleich eine Bergbauregion. Viel hat Platz auf wenig Fläche.

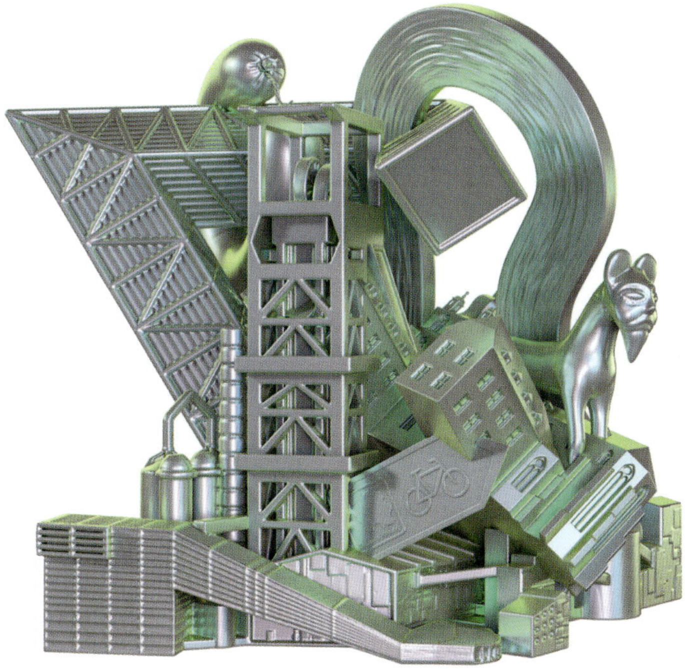

Das Saarland im Kleinen – das 2023 neu geschaffene Saarvenier.

Das drückt das Saarvenier aus. Das im April 2023 vorgestellte neue touristische Symbol des Saarlandes trägt dieser Vielfalt Rechnung: Es zeigt acht Sehenswürdigkeiten des Bundeslandes – darunter das Weltkulturerbe Völklinger Hütte, einen Förderturm, das moderne Saarpolygon, das gallo-römische Reinheimer Pferdchen, die Benediktinerabtei St. Mauritius in Tholey, eine Lyoner Wurst und die Saarschleife.[1]

Antik und modern, Industrie und Landschaft, Deutsches und Französischen existiert Seite an Seite.

Auch als historische Einheit ist das Saarland schwer zu greifen. Natürlich ist es ein Bundesland, das aber erst seit dem 1. Januar 1957 (die wirtschaftliche Eingliederung in die Bundesrepublik Deutschland erfolgte sogar noch später, am 6. Juli 1959). Im 19. Jahrhundert gehörte die westliche Hälfte des heutigen Bundeslandes zusammen mit dem Hunsrück und Teilen der Eifel politisch zu Trier, die östliche zur Pfalz – und damit zu Bayern. Manche Orte des Saarlandes nannte das vorvergangene Jahrhundert noch „lothringisch". Jede herrschende Macht trieb Schindluder mit der Region. Das nationalsozialistische Deutschland taufte am 13. Januar 1936 den Gau Pfalz-Saar in Saar-Pfalz um und die Stadt Saarlouis in Saarlautern, um das Deutschtum der Saar zu betonen.[2]

So ist vieles umstritten an der Saar. Frankreich erhob Protest gegen die Umbenennung,[3] 1945 wurde sie rückgängig gemacht. Aber es war ein ständiges Hin und Her, eine Unbestimmtheit, wie man sie in wenigen anderen Regionen Deutschlands findet. Je nach der Zeit lag Niederwürzbach in Bayern,[4] in Rheinbayern[5], in der Pfalz[6] oder im „Canton Blieskastel"[7] – und heute im Bundesland Saarland.

Zur Lage in zwei Regionen, der Pfalz im Osten und der Mosel im Westen, passt, dass in dem kleinen Land kein einheitlicher Dialekt gesprochen wird, sondern – je nach Stadt oder Dorf – rheinfränkische oder moselfränkische Zungenschläge. In Saargemünd oder Sarreguemines spricht man heute amtssprachlich Französisch, doch der fränkische Dialekt besaß die sprachliche Eigentümlichkeit, „daß das Zahlwort zwei für jedes Geschlecht eine besondere Form besitzt".[8]

Dieses Buch ergänzt mein erstes Buch zum Thema, die „Geheimnisse des Saarlandes". Es besetzt einerseits dieselben Themenfelder, wiederholt aber nichts, und bietet andererseits viele neue Anekdoten und Fakten zu unheimlichen, ungewöhnlichen, manchmal auch nur kuriosen Ereignissen, Funden und archäologischen Denkmälern. Viele der Presseberichte sind Früchte einer mehrjährigen, intensiven und systematischen Recherche in digitalen Zeitungsarchiven, vor allem der deutschen digitalen Bibliothek. Dort sind nur wenige – man könnte fast sagen: keine – Zeitungen aus dem Saarland erfasst. Die Quellen entstammen also zum größten Teil Blättern aus anderen Regionen Deutschlands, die jedoch oft genug eine Pfälzer oder Saarbrücker oder Trierer Quelle angeben. Praktisch jeder der

hier aufgeführten Berichte erschien in mehreren, oft bis zu einem Dutzend Blättern, was manchmal die Lokalisierung und Überprüfung erleichterte.
Zuweilen blicke ich ins Nachbargebiet: Die Saar entlang bis zur Mündung in Rheinland-Pfalz, die Saar bergan bis zur Quelle in Frankreich, vom Saar-Pfalz-Kreis in die Pfalz. Politische Grenzen sind keine kulturellen Grenzen – und Gespenster, Phantomkatzen und Irrlichter pflegen sie auch gemeinhin zu ignorieren.
Selbst über Ozeane hinweg. Eine schöne Geschichte über schwarze Saarländer in Brasilien erzählt eine Zeitung im August 1896:

> *In den um Porto Alegre liegenden Kolonien, die meist von Abkömmlingen biederer Hunsrücker bewohnt werden, giebt es z. B. Schwarze, die ein so echtes „Deitsch" sprechen, als wenn ihre Wiege in den Gefilden um Tholey oder Castellaun gestanden hätte. Ein solcher dunkeler Biedermann verabschiedet sich dieser Tage im Innern von mir mit dem Bemerken, er wolle in die Stadt, um sich dort etwas zu verdienen, „para mataro bicko", wörtlich: um das Tierchen tot zu machen, ein origineller, in ganz Brasilien üblicher euphemistischer Ausdruck für Schnaps-Trinken. Tags darauf fand ich meinen Augusto, so hieß er nämlich, an der Landungsbrücke in Porto Alegre stehend, wo gerade ein Dampfer mit neuen Einwanderern anlegte. Alle hatten sich bereits an Land begeben, bis auf ein altes deutsches Ehepaar, welches ratlos dastand. An diese machte sich Augusto heran, und nun entspann sich folgender Dialog. Er begann: „Socht ehr Jemes?" Die beiden Alten starrten verwundert eine Zeit lang den Schwarzen an, aus dessen*

Auch hier sprach man Saarländisch: Porto Alegre in Brasilien.

Munde sie solch heimatliche Klänge vernahmen, bis endlich die Frau erwiderte:„Njo, de Mayer Johann". „Ei, dä kann ich eich weise." Wiederum längeres zweifelhaftes Anstaunen des Schwarzen, dann aber fragte die Frau wieder: „Seid Ehr dann Deitsch!" „Dat jo." „Ei, Ehr seid jo schwarz!"„Jo, wat maint Ehr dann," war die Antwort, „wann Ehr emol esu lang hier in Brasilie seid, als we eich, dann werdt Ehr aach schwarz." Wiederum lange Pause. Darauf aber wandte sich die Alte unter Halloh der Umstehenden an ihren Mann mit den Worten: „Kumm Nikela, mer wulle wieder of't Scheff und fahre haim, in dem Lann 'elei bleiwen eich nett." Schließlich übernahm ich es denn, über die wahre Natur ihres „Landsmanns" aufzuklären, was mir nicht ohne Mühe gelang, worauf sie endlich beruhigt mit ihn zum Mayer Johann abzogen.[9]

Nun viel Spaß bei einer Entdeckungsreise zu Geistern, Spukhäusern, Drachen und Riesen, Werwölfen und Untertassen – und ungewöhnlichen und beängstigenden Naturphänomenen. Ich habe mich aber auf den süddeutschen Teil des Saarlandes beschränkt und Brasilien ausgelassen!

Dank

Für die Bereitstellung von Fotos und Informationen danke ich Gerd Braun, Stefan Hahmann, Kai Hofmann, Verena und Joachim Hüther, Leif Inselmann, Regina Magin, Polizeihauptkommissar Frank Marschall von der Polizeiinspektion Zweibrücken, Alan Murdie, Hans-Werner Peiniger von der GEP in Lüdenscheid, Judith Rauch, Sarah und Marco Strauch von Strauchs Wanderlust und der Tourismus Zentrale Saarland.

Ein ganz besonderer Dank geht an Florian Brunner und Harald Hoos vom Geistkirch Verlag.

1 – Seltsame atmosphärische Erscheinungen

Wer hätte das gedacht? Schon der alte Goethe schrieb über merkwürdige Lichter an der Saar. In seiner Autobiografie „Dichtung und Wahrheit" notierte er 1811 im zweiten Buch, im zehnten Kapitel, über einen Abend am Fluss, den er 1770 mit zwei Kameraden verbrachte:

> *... fast mehr als diese bedeutenden Erfahrungen interessierten uns junge Burschen einige lustige Abenteuer und bei einbrechender Finsternis unweit Neukirch [Neunkirchen] ein überraschendes Feuerwerk. Denn wie vor einigen Nächten an den Ufern der Saar leuchtende Wolken Johanniswürmer zwischen Fels und Busch um uns schwebten, so spielten uns nun die funkenwerfenden Essen ihr lustiges Feuerwerk entgegen.*[1]

Leider beschreibt der Dichterfürst seine Beobachtung nicht genauer als in dieser kleinen Reminiszenz – und er liefert auch gleich eine Erklärung für das, was er gesehen hat. Nicht alle Beobachtungen flirrender Lichter aber sind so einfach aufzulösen.

Irrlichter

Irrlichter oder Irrwische sind ein früher oft beobachtetes Phänomen, von dem heute kaum noch gesprochen wird – es sei denn, im übertragenen Sinne, wenn man einen launen- und flatterhaften Menschen ein Irrlicht nennt.

Die vielen Moore, Wälder und vor allem Sümpfe galten bis ins vorletzte Jahrhundert noch als von Irrlichtern beseelt. Das darf man wörtlich nehmen, denn der Volksglaube hielt die zarten, zuckenden blauweißen Lichtlein für die Seelen der Menschen, die im Fegefeuer geläutert wurden. Man konnte ihnen ein Seil zuwerfen, an dem sie sich selbst aus dem Höllenfeuer ziehen und retten konnten. Oder man glaubte, es handle sich um bösartige Kobolde, die verirrten Wanderern in der Nacht wie mit einer Laterne leuchteten, nur, um sie immer weiter in den Morast und damit ins Verderben zu locken. Die Chemiker und Physiker vor 200 Jahren wollten Irrlichter mit Methan erklären, Sumpfgas, das sich selbst entzündete und dann flackernd verbrannte.

Nur hat kaum jemand ein Irrlicht im Reagenzglas einfangen können, und heute sind sie fast ausgestorben. Waren es natürliche oder doch übernatürliche Erscheinungen? Oder Täuschungen verängstigter Nachtwanderer, Halluzinationen also?

Ein Irrlicht – künstlerische Darstellung.

Im Westrich der Pfalz und im Saarland kannte man Irrlichter von vielen sumpfigen Stellen und feuchten Bachauen.

Ein Irrlicht, das noch im Frühjahr 1905 im Köllbach beobachtet wurde, überliefert der Sagensammler Karl Lohmeyer. Der Bach führte Hochwasser, und Oskar Kirch, der nachsehen wollte, ob der Pegel allmählich sank, erblickte „mitten im Ismert ein Lichtlein", das purzelnd daher tänzelte. „Kirch erschrak, es schwamm ja grad auf ihn zu. Endlich gelangte es in den Köllerbach und schwamm bachabwärts. Es wurde ganz still um Kirch, so nahe war das Licht schon." Kirch wusste, dass es sich nur um ein „Hochwasserlichtlein" handeln konnte, er verbarg sich und beobachte aus seinem Versteck weiter: Dass Licht schwamm gen Saar, und – so die Mutmaßung – zur Mosel, zum Rhein und zurück ins Meer, „seiner ewigen Heimat".[2]

Dieses Irrlicht wird nicht näher beschrieben. „Blau-gelblich flimmernd" waren die Irrlichter, „zahlreich wie noch nie" zuvor, die Jakob Peter aus Engelfangen spät in der Nacht sah. „Sie flackerten so klein und unruhig, wie die Kerzen an Allerseelen auf dem Koller Friedhof." Peter folgte dem ersten Licht und kam vom sicheren Weg ab, und „auf einmal aber umringten und beleuchteten ihn tausend märchenschöne Irrlichter". Er merkte, wie ihm Wasser in die Schuhe lief, er stand im Sumpf und wusste nicht mehr weiter. Tapfer harrte er die Nacht aus, bis es hell wurde und er den Weg zurück erkennen konnte. Sein Leben lang habe er die Strecke fortan gemieden.[3]

Überhaupt sollen die Lichter bei Engelfangen häufig geführt haben, so zwei Bergleute, die das Licht aber zu einer rettenden Hütte geleitete, und dann ein zweites Mal, als zwei Engelfanger am Sommerberg eine Laterne nötig hatten und bei verschiedenen Gelegenheiten ein leitendes Irrlicht nutzten.[4]

Doch was war der „Feuerschein am Lebacher Friedhof"? Lohmeyer berichtet, am 15. August 1920 seien vier Männer und zwei Frauen in einem zweispännigen Wagen von einer Primiz (der ersten Messe, die ein frisch geweihter Priester hält) auf dem Rückweg nach Lebach gewesen. Am Friedhof „fuhr ein großer Flammenschein über die Köpfe und Insassen des Wagens hinweg." Die Pferde bäumten sich auf und die Menschen erschraken. „Was war das?", fragten sie sich ängstlich. Denn am Lebacher Friedhof sollten schon öfter seltsame Lichter gesehen worden sein.[5]

Heute würde diese Geschichte sicher als eine Begegnung mit einem UFO erzählt werden – mit Tierreaktionen. Die größte Wahrscheinlichkeit darf die Erklärung beanspruchen, dass es sich bloß um einen Boliden gehandelt hat, einen besonders großen Meteor. Oder muss der Primiz Bedeutung zugemessen werden, und das Licht sollte etwas Religiöses oder Dämonisches bedeuten? Und was hatte der „große Flammenschein" mit den Lichtern zu tun, die sonst auf dem Friedhof spukten?

Kugelblitze

Eine weitere, bislang ungeklärte Lichterscheinung der Natur ist der Kugelblitz. Gibt es ihn? Oder doch eher nicht? Fast jedes Jahr berichten die Medien, das Geheimnis des Kugelblitzes sei gelöst, seine Entstehung geklärt – bis im nächsten Jahr ein ganz anderer physikalischer Ansatz durch die Presse geistert. Nichts Genaues weiß man also nicht, und der einzige Bericht der Region stammt von knapp jenseits der Grenze, aus Zweibrücken.

Die Stadt erlebte im Jahre 1708 ein gewaltiges Unwetter. Den Auftakt machte am Samstag, den 21. Januar 1708, „ein entsetzliches Gewitter mit grausamen Donner und Blitzen", das gnadenlos „44 Hämmel auf freiem Felde" erschlug.

Am darauf folgenden Sonntag, ungefähr um Mitternacht, erhellte sich der Himmel durch einen grell leuchtenden Blitz so stark, dass es taghell wurde. Er ...

> *... hat sich präsentiret, als eine feurige grosse Kugel, welche einen starcken Knall gethan / darauff 4 starke als Canon-Schüsse erfolgt, mit einem Geknater / als ob viele tausend kleine Gewehr loßgebrannt wurden, nebst schlagenden Trommeln vermischt, welches mehrentheils zu Homburg und*

> *Zweibrücken verspührt worden / so / daß auch die Garnison in gemeldten Homburg in Alarm geraten.*

Dieser Kugelblitz (oder war es ein Meteor?) wurde dahingehend gedeutet, er habe den Fall der Stadt Freiburg durch Kriegslist an die Franzosen bedeutet, die daraufhin die Bastionen und Magazine der Stadt gesprengt hatten, „welches ein solches [also vergleichbares] Getöß verursacht hätte". Er werde „ganz gewiß [für] ein großes Himmels Zeichen gehalten."[6]

Blitze

Auch gewöhnliche Blitze können einen gehörigen Schaden anrichten oder so eindrucksvoll – und gefährlich bis tödlich – sein, dass sie eine fast übernatürliche Qualität annehmen. Kaum ein anderes Naturphänomen – abgesehen von Waldbränden oder Überschwemmungen – kann in so kurzer Zeit einen so großen Schaden anrichten wie eine elektrische Entladung während eines Gewittersturms. Im April 1866 traf es Sotzweiler:

> *St. Johann, 10. April. Während des Gewitters am Sonntag Abend [8. April 1866], das sich von hier nach dem Köllerthal hinzog, schlug der Blitz im Orte Sotzweiler (bei Tholey) um 10 Uhr in ein mit Stroh gedecktes Haus und zündete. In wenigen Minuten stand dasselbe so in Flammen, daß zwei Brüder, die zusammen in einem Bette schliefen, und wahrscheinlich vom Blitze betäubt waren, nicht gerettet werden konnten und auf die schrecklichste Weise verbrannten.*[7]

Der Blitz wütet wahllos: Im Gewitter vom 27. August 1867 schlug ein Blitz in das Gebäude eines Ackerers zu Herchenbach. „Drei Pferde und ein Fohlen im Stalle wurden gänzlich betäubt. Die Pferde wurden gerettet, das Fohlen aber war der Betäubung erlegen."[8]
Im Mai 1871 schlug ein Blitz ähnlich selektiv zu:

> *Dudweiler (bei Saarbrücken), 27. Mai. Der gestern Nachmittag stattgehabten Gewittersturm hat ein beklagenswerthes Unglück zur Folge gehabt. Drei junge Mädchen nämlich, die zusammen im Walde Holz gelesen hatten und mit ihren Bürden nach Hause zu gehen im Begriff waren, wurden von einem Blitzstrahl niedergestreckt. Zwei derselben erholten sich von ihrer Betäubung alsbald wieder, rafften sich auf und eilten unversehrt nach*

Hause. Die Eine ihrer Genossinnen aber sollte leider sich nicht wieder erheben. Der Blitzstrahl hatte sie getödtet.[9]

Früher ereigneten sich Todesfälle durch Blitzschlag weitaus häufiger als heute. Es fand mehr Arbeit im Freien statt – pflügen, Holz sammeln, Holz hacken ...

** Kirkel, 5. Mai [1878]. Vorgestern wurde ein 68 Jahre alter Ackerer, welcher zwischen dem Eschweilerhof und Neuhäusel mit Kartoffelsetzen beschäftigt war, vom Blitze getroffen und blieb auf der Stelle todt. Ebenso eine der beiden Kühe vor seinem Pflug. Letzterer wurde vom Blitze zertrümmert.*[10]

Was für Menschen galt, galt auch für Häuser – viel trockenes Holz, Fachwerk, vielleicht sogar noch ein Dach aus Reet machten Blitzen ein einfaches Spiel.

Saarlouis, 23. August [1887]. Von hier wird gemeldet: „Gestern schlug, dem „Sl. Journ." zufolge, in Hasel bei St. Ingbert der Blitz in ein Haus und entzündete dasselbe. Zum Theil wurde es ein Raub der Flammen. Außerdem wurden vier Personen vom Blitz getroffen. Ein 15-jähriges Mädchen wurde sofort getödtet, die drei anderen Kinder mehr oder minder, jedoch nicht lebensgefährlich verletzt. Zwei Bäume, die ebenfalls getroffen wurden, zeigen auch Spuren, wo der Blitz herunterfuhr.[11]

Besonders schlimm erwies sich der Sommer 1906 – hier schlug der Blitz gehäuft zu. Die Zerstörungsserie begann am 10. Mai:

Sobernheim, 10. Mai. Ein schweres Gewitter ging gestern im Gebiet der Nahe und Blies nieder und richtete erheblichen Schaden an. In Sobernheim wurden drei Pferde vom Blitz erschlagen und einem Manne beide Beine gelähmt. In Gonnesweiler wurde ein Landmann, der auf dem Felde pflügte, ebenfalls vom Blitze erschlagen. In Tholey schlug der Blitz in einen Stall und tötete drei Kühe. In Remmesweiler wurde eine Frau vom Blitze getroffen und gelähmt.[12]

Am 18. und 19. Juni gingen dann „fürchterliche Gewitter [...] über das ganze Saargebiet nieder".

In Saargemünd richtete der wolkenbruchartige Regen schweren Schaden an; die Bahngeleise waren 500 Meter überschwemmt, die Unterführung

> *auf dem Bahnhof stand 1 Meter hoch unter Wasser. In der Stadt Saargemünd selbst schlug der Blitz an fünf Stellen ein, glücklicherweise ohne zu zünden. Auf den Feldern und in den Weinbergen ist alles verheert. Bei Sulzbach wurde eine Frau vom Blitz getötet.*[13]

Kaum eine halbe Woche später, am Nachmittag des 25. Juni, wurde „ein Soldat des hiesigen Dragonerregiments vom Blitz erschlagen".[14] Und zwei Wochen danach tobte am 6. Juli „ein heftiges Gewitter [...] wieder im Saartale und Umgegend".

> *Zahlreiche Blitzschläge werden gemeldet. In Herrensohr wurde ein Wohnhaus durch einen Blitzschlag in Brand gesetzt. Der Dachstuhl brannte vollständig ab. In Quierschied ist die Leitung des elektrischen Lichtes zerstört. Aus der Pfalz wird gemeldet, daß bei Kontwig ein Bauer und dessen Sohn vom Blitz erschlagen wurden.*[15]

Und am 24. August „schlug der Blitz im benachbarten Brotorf [Brotdorf bei Merzig] in eine im Betrieb befindliche Dreschmaschine. Ein Mann wurde getötet und mehrere Personen wurden betäubt".[16]
Die Angst der Menschen vor den unberechenbaren Naturgewalten macht eine Pressemeldung aus dem Juni 1911 mehr als deutlich:

> *St. Ingbert, 2. Juni. In Ommersheim fand gestern Abendgottesdienst statt, während ein heftiges Gewitter über die Gemarkung zog. Plötzlich erfolgte ein furchtbarer Schlag, der die Kirche in ihren Grundfesten erschütterte. Der Blitz hatte in den Turm eingeschlagen. In der Kirche entstand eine unbeschreibliche Panik, alles stürzte schreiend zu den Ausgängen. Glücklicherweise wurde hierbei niemand verletzt. Die Beschädigung an dem Turm ist bedeutend.*[17]

Auch hier kam es zu auffälligen Häufungen, bei denen der Blitz zweimal innerhalb kurzer Zeit am selben Ort einschlägt. Denn in Ommersheim kam es Ende Juli 1911 erneut zu einer Katastrophe. „In Ommersheim wurden zwei Häuser und in Börrstadt ein Haus durch Brand infolge Blitzschlags eingeäschert."[18]
Ähnlich wie ein UFO schlägt ein Blitz plötzlich zu, und die Stelle, an der er sich entladen wird, kann kaum vorhergesagt werden. Zuweilen verschont er die Menschen, die er trifft, doch das sind die seltenen Fälle. Am Abend des 23. Juni 1912 schlug ein Blitz in das Haus eines Bergmanns in Neunkirchen – der Mann, seine drei Kühe und eine Ziege wurden getötet.[19]

Und beim schlimmsten Unwetter „seit 25 Jahren" traf ein Blitz 1926 zwei Brüder in Heiligenwald – „Einer war sofort tot".[20] Zum Glück ist die Luftelektrizität nicht immer so destruktiv, zuweilen nur übelgelaunt. Bei einem Unwetter im Juni 1931 setzte ein Blitzschlag im „Bahnhof von Saarlouis die Uhren und die Läuteanlagen außer Betrieb. In Völklingen wurden durch den Hagelschlag Felder und Gärten verwüstet."[21] Vielfach musste die Feuerwehr ausrücken.

Im Gewitter vom Nachmittag des 10. Mai 1936 tötete ein Blitz wieder einen Menschen in Quierschied.[22]

Genug davon – es zeigt sich aber, dass selbst einigermaßen bekannte Lichterscheinungen drastische Auswirkungen haben können, dass ihr Wirken oft schon sagenhafte Züge annimmt, dass so manches – wie die eigentümliche Häufung in bestimmten Jahren oder an bestimmten Orten – ein ungutes Gefühl hervorruft.

Eisbombe in Bechhofen

Knapp hinter der Grenze zu Rheinland-Pfalz wird ein weiteres mysteriöses Phänomen berichtet: der Fall eines riesigen Hagelkorns oder „Kryometeors". Dass solche Eisbrocken vom Himmel fallen, das ist mittlerweile bewiesen, eine Erklärung dafür gibt es allerdings noch nicht. Heute liest man oft, dass sich die Riesenhagelkörner aus Flugzeugtoiletten gelöst haben, aber über ähnliche Eisbrocken wurde schon im 18. und 19. Jahrhundert regelmäßig in der wissenschaftlichen Presse berichtet, als es noch keine Flugzeuge gab.

Am 28. Januar 2000 jedenfalls stürzte ein Eisklotz von der doppelten Größe eines Tennisballs in Bechhofen vom Himmel. Dort entdeckte ein Mann am Nachmittag auf seiner Treppe das rund 15 Zentimeter lange und zehn Zentimeter breite, bräunliche und nach „altem Eisen" riechende Monsterhagelkorn. Sein Nachbar hatte bereits am Morgen mehrere klare Stücke Eis in seinem Garten entdeckt – offenbar war ein ziemlich großes Stück vom Himmel gefallen. Was war die Ursache? Handelte es sich um atmosphärischesoder Weltraumeis ... oder doch um Eis, das sich von einem Flugzeug gelöst hatte?[23]

Spontane Feuer

Ein weiteres Rätsel für die Wissenschaft ist die sogenannte spontane Selbstentzündung. Im 19. Jahrhundert beschrieb der englische Schriftsteller Charles Dickens in seinem Roman „Bleak House", wie der Alkoholiker Krook urplötzlich in Flammen ausbricht und verbrennt – nur einige Körperteile bleiben von den Flammen unangetastet. Die „Spontanious human combustion" (SHC) ist ein vor allem im angelsächsischen Sprachgebiet gefürchtetes Phänomen. Im Deutschen gibt es dafür nicht einmal einen traditionellen Namen. Von bösartigen Poltergeistern bis zu Alkoholdämpfen hat man schon viele seltsame Auslöser für die paar Dutzend bekannte Vorfälle vor allem aus Großbritannien und den USA vermutet, Skeptiker hingegen sprechen vom „Dochteffekt" – der Körper fängt Feuer und das Körperfett nährt die schwelenden Flammen wie das Wachs einer Kerze. Hiesige Trunkenbolde können froh sein, dass das Phänomen bei Menschen in Deutschland nicht zuschlägt, wohl aber kennt man belegte Fälle spontaner Selbstentzündungen bei Naturmaterialien. In Getreidesilos ist sie nach wie vor eine Gefahr. Hier können eine hohe Feuchtigkeit oder eine hohe Lagertemperatur scheinbar spontane Brände auslösen.

Ob solch physikalische Ursachen das Feuer von 1883 auslösten – oder doch Aschereste, glühender Pfeifentabak oder eine sonstige Sorglosigkeit? Jedenfalls brach am Nachmittag des 20. Juni „in dem Hasborn bei Tholey auf bis jetzt noch unbekannte Weise Feuer aus, welches bei der herrschenden Trockenheit so rasch um sich griff, daß in kurzer Zeit 16 Gebäude ein Raub der Flammen wurden".[24]

Eindeutig von Selbstentzündung war dann 1940 die Rede, wohl durch die genannten Ursachen.

> *In Leitzweier bei Tholey entstand durch Selbstentzündung ein Feuer, das in kurzer Zeit einen großen Umfang annahm. Feuerwehren von Tholey und Theley bekämpften den Brand mit aller Macht, konnten aber die Vernichtung von zwei Wohnhäusern mit Scheunen durch das rasende Element nicht verhindern.*[25]

2 — Meteore, Meteoriten und Meteoritenkrater

Das Wort „Meteor" bezeichnete früher jede atmosphärische Erscheinung und engte sich erst gegen Ende des 19. Jahrhunderts auf das ein, was wir heute darunter verstehen: ein Stück kosmische Materie, das in der Erdatmosphäre verglüht. Erreicht ein solcher Himmelsstein die Erdoberfläche, spricht man von einem Meteoriten. Dieser hinterlässt beim Aufprall einen mehr oder weniger wahrnehmbaren Krater.
Betrachten wir einige Berichte über Meteore im Saarland. Die Spannbreite von kuriosen Aspekten, die dabei erwähnt werden, kann hilfreich sein, wenn es darum geht herauszufinden, was wirklich hinter UFO-Sichtungen steckt.

Meteore

Den Anfang macht ein ganz und gar konventioneller Meteor vom 11. Juni 1867 über St. Wendel:

> *Gestern Abend gegen halb neun Uhr wurde bei noch ziemlicher Tageshelle - Sonnenuntergang 8 U. 20 Min. - am nördlichen Himmel ein in gelbblauem Lichte hell glänzender Meteor beobachtet; derselbe bewegte sich funkensprühend in einer Elevation von ca. 15 Grad mit raschem Fluge (ca. 3 Secunden) unter einem Einfallswinkel von circa 10 Grad von Osten nach Westen und hinterließ auf seiner langen Bahn einen hell leuchtenden Feuerstreifen, der sich in einen weißen Nebelstreifen auflöste, welcher erst nach einer halben Stunde, allmälig florartig lichter werdend, verschwand.*[1]

Die nächsten Sichtungen sind ebenfalls gewöhnlicher Natur. Am 1. Dezember 1890 „gegen 7 Uhr 23 Minuten" huschte ein Meteor über den Himmel von St. Wendel, „welches unter herrlichem Farbenwechsel seinen Weg nach Südosten nahm und bald am östlichen Himmel verschwand." Die Presse sprach von einem „wiederholt erwähnten Meteor", was wohl heißt, dass es Beobachtungen auch anderswo gab.[2]
Und zwei Jahre später wurde am Abend des 1. Mai1892 „10 Uhr 25 Minuten Ortszeit zu Perl, Kreis Saarburg, [ein Meteor] beobachtet; es folgte ihm ein langer, im bunten Lichte glänzender Schweif. Die Bahn des Meteors war außerordentlich lang und die Dauer seiner Sichtbarkeit schätzte der Beobachter auf 10 - 15 Secunden."[3]

Und wieder über Perl, am 21. November 1895:

> *Aus Perl meldet ein zuverlässiger Beobachter, daß die Feuerkugel auch dort wahrgenommen wurde, ziemlich tief am östlichen Himmel, und einen großen, vielfarbigen Schweif hinter sich ziehend. Mehrere Augenzeugen wollen ein Geräusch wie das Zischen einer Rakete vernommen haben. Bei Nennig sah man die Kugel in ostwestlicher Richtung, senkrecht auf die Mosel zu. Das Meteor verschwand in Perl ziemlich in der Mitte des Himmels in westlicher Richtung. Dem Anschein nach war das Meteor über Perl sehr niedrig, allein dies ist offenbar eine Täuschung gewesen, man muß mindestens eine Höhe von einigen Kilometern annehmen, weil es sonst nicht hätte in Brabant gesehen werden können. Anscheinend zog die Kugel vom Rheine her gegen die Ardennen hin.*

Ein Meteor – ein kosmischer Steinrocken, der in der Erdatmosphäre verglüht.

Dieser Meteor wurde auch über Gerolstein und großen Teilen von Belgien und der Rheinprovinz gesichtet.[4]

Ebenfalls definitiv ein Meteor war das Phänomen vom 31. August 1897 um 21 Uhr über Friedrichweiler, auch wenn es „während einem leichten Gewitterregen" beobachtet wurde. Es war einMeteor, „welcher von Südwest nach Nordost niederging und sich in eine Funkengarbe auflöste. Die Feuerfarbe war bläulich-grün, die Funken mehr rötlich."[5]

Am 21. Juli 1936 wurde „gegen 21 Uhr [...] in Thom (Hochwald), in der Richtung Mehringer Berg ein Meteor beobachtet. Eine feurige Kugel zog am Horizont entlang und hinterließ einen hellgelben Streifen, der bald verblaßte. Die Feuerkugel verschwand in der Richtung über den Hunsrück."[6]

Und am 2. August 1938 wurde „spät abends am östlichen Himmel über dem Saartal eine auffällige Meteorerscheinung beobachtet. Die in intensivem grünblauen Licht plötzlich aus Richtung des Eschberges her aufleuchtende Feuerkugel hatte die scheinbare Größe eines mittleren Faustballes, auch eine Schweiferscheinung. Die Beobachtung dauerte zwei Sekunden, dann zerstob die Meteormasse unter starker Detonation in leuchtende Kleinteile."[7]

Merkwürdige Meteore

Schon mehr Special-Effects à la Hollywood-Blockbuster hält eine Meldung vom 6. September 1878 bereit. Der Augenzeuge stand in Saarbrücken:

> *Es war ungefähr 9 Uhr. Ich stand auf der Saarbrücker Seite an der Saar, mit dem Gesicht nach St. Johann, als plötzlich sich am Himmel ein hellglänzender Strich abzeichnete. Derselbe lief, zur Linken seinen Anfang nehmend, in der Breite und Länge eines Schwertes nach rechts in einer scharfen Spitze aus, blieb mehrere Secunden sichtbar und verblaßte dann. Lebten wir zu Wallensteins Zeiten, so würde ein gelehrter Astrologe gewiß nicht verfehlen, allerlei geheimnißvolle Offenbarungen in dem ‚feurigen Schwerte' zu suchen.*

Dasselbe Himmelsphänomen wurde auch über Hilden, Köln und in Fürth beobachtet, wo es „einen mächtigen feurigen Streifen zurückließ, ähnlich dem Funkenregen einer Rakete."[8]

Über eine Feuerkugel, die am 14. Oktober 1890 über großen Teilen des Westens Deutschland beobachtet wurde, heißt es: „In St. Wendel erschien die Feuerkugel wie eine Rakete und teilte sich in drei Teile, die in rotglühende Funken zerstoben."[9]

Früher galten Meteore als unheimliche Himmelszeichen, wie auf diesem Stich einer Erscheinung im Jahre 1687 über dem Ort Esseck (Essex in England?).

Die Zahl der Beobachtungen war bei diesem Fall so groß und so widersprüchlich, dass die Astronomen schließlich, statt auf die Unzulänglichkeit von Augenzeugenberichten einzugehen, lieber davon ausgingen, dass zum exakt gleichen Zeitpunkt drei ganz verschiedene Meteore in ganz unterschiedlichen Richtungen unterwegs waren, der Hauptmeteor in eine Richtung und die davon abweichend berichteten Erscheinungen in andere Richtungen:

> Dagegen würden die in Coblenz, Bonn, Köln und am Niederrhein beobachteten Erscheinungen einer anderen mit etwas größerer Geschwindigkeit in ähnlicher Richtung gezogenen Feuerkugel angehören, während das in St. Wendel und im Rheingau gesehene Meteor von scheinbar rückläufiger Bewegung als ein drittes aufzufassen wäre.[10]

Meteore können also wie Raketen aussehen (Feuerwerksraketen natürlich), die Beobachter können sich über die Flugbahn höchst uneins sein, und Beobachtungen erfolgen auch unter besonderen Umständen, die mit dem gemeldeten Phänomen nichts zu tun haben, etwa bei einem Gewitter.

... und Meteoritenkrater

Ist aber je ein Meteorit im Saarland eingeschlagen? Das behaupten Forscher, die den sogenannten Chiemgau-Impakt untersuchen, einen katastrophalen Meteoriteneinschlag in der deutschen Vorzeit, der allerdings von den meisten Fachwissenschaftlern bezweifelt wird. Die Forschungsgruppe, allen voran Werner Müller, will in der Prims einen „holozänen Meteoriten-Impaktkrater" aufgespürt haben, also aus den letzten 11 000 Jahren. Diesen Nalbach-Krater hat er angenommen, nachdem er „sehr akribisch Geländebefunde im Saarland aufgenommen und besondere Gesteine und Gläser sowie vermutete Meteorite gesammelt hat."
Solche Gläser finden Geologen an vielen großen Meteoritenkratern, es handelt sich um unter großer Hitze geschmolzene Mineralien. „Obgleich für das postulierte Impaktereignis im Saarland noch keine genaue Datierung vorliegt, hält W. Müller wegen der Geländestrukturen und der sehr frisch erscheinenden Gläser ein holozänes, also nacheiszeitliches Alter für sehr wahrscheinlich."
Die Forscher nehmen sogar an, dass zwischen dem nur von ihnen anerkannten großen Meteoritenkrater am und im Chiemsee und dem neuen Fund eine Verbindung besteht, und sprechen von einem „Impakt-Areal des Saarlandes mit dem Nalbach-Krater und dem Saarlouis-Halbkrater".[11]
Es wird sich zeigen, ob sich diese These generell durchsetzen kann, derzeit sieht es nicht danach aus.
Rund 15 Kilometer nordwestlich von Saarburg liegt, im Luxemburger Hinterland, die Ortschaft Heffingen. Von dort wurde – dies noch als Abschluss – 1855 ein derart heftiger „Meteoriteneinschlag" gemeldet, dass heute noch ein Krater zu sehen sein müsste. Damals berichtete der „Rhein- und Mosel-Bote":[12]

> *Luxemburg, 21. Juli. Nach einer Mittheilung des ‚Worts' hat sich am 16. Juli, um 11 Uhr Vormittags, bei Heffingen eine Naturerscheinung gezeigt, wie sie nur selten vorkommen. Das Meteor kam von südwestlicher Seite unter fürchterlichem Brausen. Rauschend wälzte sich das Ungeheuer thalabwärts, Alles mit sich reißend, was ihm im Wege stand. Bäume, die bis zwei Fuß im Durchmesser hatten, riß es sammt den Wurzeln aus der Erde*

und schleuderte die Aeste rechts und links umher. Besonders merkwürdig war, wie dieses Feuer-Wassermeteor 25 große Heuhaufen aufwirbelte und in seinem Innern verbrannte. Dann flog es unter furchtbarem Getöse durch die Wälder fort und zerstümmelte unterwegs noch manche starke Eiche, bis es endlich, vermuthlich an den Felsen zerschellte. Dies Meteor war nagelförmig, oder besser, wie ein dicker, runder Kirchthurm, nach unten zugespitzt; in diesem langen Wolkennagel sah man bisweilen ein sprühendes Feuer und hörte in dessen Innern wie ein fürchterliches Gehämmer. Glücklicherweise ist kein Mensch von demselben beschädigt worden.

Das liest sich wie ein gewaltiges Naturereignis – und war es wohl auch, nur muss man im Kopf behalten, dass das Wort Meteor früher alles bezeichnete, mit dem sich die Meteorologie beschäftigte. Ein Hagelkorn war ein Meteor, eine Schneeflocke – und eben auch eine Wind- oder Wasserhose, von der hier zweifelsohne die Rede ist! Solche kleine Wirbelstürme leuchten zuweilen aus dem Innern heraus, und so sprach die Presse von einem „Feuer-Wassermeteor".

3 — UFOs früher und heute

Das moderne UFO-Rätsel begann Ende des 19. Jahrhunderts. Ab etwa 1880 und bis zum Ersten Weltkrieg beobachteten Bürger mehrerer Staaten - vor allem in den Vereinigten Staaten, in Großbritannien, Südafrika und Neuseeland - am Himmel Luftschiffe, die ihrer Zeit weit voraus schienen.

1934 wurden besonders in Skandinavien, aber auch in Mitteleuropa, Phantomflugzeuge gemeldet.

1946 schließlich überflogen „Geisterraketen" Schweden, die aus dem Bereich der südlichen Ostsee zu stammen schienen und die man allgemein den Sowjets in die Schuhe schob.

Keines dieser Phänomene konnte konventionell erklärt werden – es sei denn als Verwechslungen mit Meteoren oder Planeten und Sternen.

Luftschiffe und Geisterflugzeuge

Zwar gibt es zu all diesen frühen „UFO"-Sichtungen auch Beobachtungen aus Deutschland, doch keine aus dem Saarland. Was es an sensationellen Meldungen über Flugzeuge und Luftschiffe aus diesem Gebiet gab, sei hier kurz angeführt. Die Presseberichte spiegeln oft die angespannte Situation einer Grenzregion zwischen Deutschland und Frankreich:

> *Saarlouis, 21. August [1890]. Der Pariser ‚Temps' meldete, am Montag sei ein hier in der Nähe gelandeter Luftballon ans Nancy durch Militair mittelst einer Kanone beschossen worden. – Die ganze Meldung ist, wie eigentlich überflüssiger Weise die ‚Kölnische Volksztg.' konstatirt, reine Erfindung.*[1]
>
> *Anfang Juli 1909 überflog „Zeppelin 1" Saargemünd.*[2]
>
> *Am 8. August 1910 überflog das Luftschiff „P 1" Saarbrücken und flog dann weiter über Völklingen und Klein-Rosseln nach Metz.*[3]
>
> *Am 29. Juli 1914 landete ein ziviler Doppeldecker bei Wiebelskirchen. Der Pilot wurde dingfest gemacht, weil man ihn der Spionage verdächtigte. Er erklärte, er habe ‚sich angeblich auf der Rückkehr von der österreichischen Grenze nach Frankreich' befunden. ‚Er erklärte, er sei am*

Dienstagabend bei Baden-Baden zur Fahrt nach Frankreich aufgestiegen, aber durch Nebel und widrige Winde aus der Richtung gekommen, so daß er niedergehen mußte. Die Durchsuchung des Flugapparates förderte nichts Verdächtiges zutage. Ebenso ist es nicht erwiesen, daß, wie ein Gerücht behauptet, ein zweiter Insasse des Flugzeuges sofort nach der Landung geflohen sei. Der Flieger bleibt so lange unter Bewachung, bis aus dem von ihm angegebenen Ausstiegsort eine Bestätigung seiner Angaben eingetroffen ist.'[4] Am 30. Juli um 15 Uhr wurde der Pilot freigelassen. ‚Der französische Ingenieur Labord, der bei Wiebelskirchen mit seinem Flugzeug landete und verhaftet wurde, ist wieder freigelassen worden. Sein angeblicher Begleiter, der mit Akten geflüchtet sein sollte, ist ein harmloser Chauffeur aus Saarbrücken.'[5] Oder: ‚Daß er einen Passagier bei sich gehabt haben soll, hat sich nicht bestätigt.'[6]

Am 18. Dezember 1914 bombardierten ein französisches Luftschiff und zwei Flugzeuge Saarburg.[7]

„Durch das entschlossene und mutvolle Verhalten des Zugführers und des Zugpersonals des Güterzuges 7417 ist am Mittwoch nacht die Besatzung eines französischen Großkampf-Flugzeuges gefangen genommen worden. Der Güterzug kam von der Station Edin nach Saarbukenheim, als der Lokomotivführer Pape aus Saargemünd ein Flugzeug in geringer Höhe über dem Zug bemerkte und beobachtete, wie es unweit des Bahnhofes auf einer Wiese landete. Er hielt den Zug sofort an und ging mit dem Heizer und dem Zugpersonal nach der Landungsstelle. Man vermutete ein feindliches Flugzeug und rief deshalb aus geringer Entfernung die Besatzung an, die bereits an ihrem Apparat herumhämmerte, um einen Fehler zu beseitigen, oder um das Flugzeug zu zerstören. Nach einer energischen Aufforderung gab sich die Besatzung gefangen und wurde zur Kommandantur geführt. Von den drei Gefangenen, einem Leutnant und zwei Unteroffizieren, sind zwei englischer und einer amerikanischer Nationalität. Das Flugzeug ist infolge der entschlossenen Haltung des Zugführers ziemlich unversehrt geblieben."[8]

Am Nachmittag des 21. April 1931 flogen drei französische Militärflugzeuge über den südlichen Teil des Kreises Saarburg in der Nähe von

Eft. „Man konnte die Flugzeuge deutlich beobachten, wie sie aus der Richtung der lothringischen Ortschaft Tintingen auf den Ort Est zuflogen und hier über demSchulhaus wendeten, um dann in südwestlicher Richtung zu verschwinden . Die Flughöhe dürfte schätzungsweise nicht mehr 600 Meter betragen haben."[9]

Am Nachmittag des 4. Juli 1931 flog ein unbekanntes Flugzeug bei Perl „über deutsches Gebiet und kehrte dann über den Hammelsberg nach Frankreich zurück. Es ist mit Sicherheit anzunehmen, daß es sich um ein französisches Flugzeug handelte."[10]

Am 27. April 1932 um 10:30 Uhr überflog ein französischer Doppeldecker aus Richtung Diedenhofen kommend ebenfalls den Hammelsberg bei Perl. „Das Flugzeug kreuzte mehrfach über dem Ort, flog über die Grenze nach Frankreich zurück, um nach kurzer Zeit wieder zu erscheinen, und zwar an der Stelle, an der am Dienstag ein französisches Militärflugzeug notlanden mußte. Danach kehrte die Maschine nach Frankreich zurück. Der Vorfall wurde den deutschen Behörden gemeldet."[11]

Am 6. September 1932 wurde um 11 Uhr „bei Memming ein französisches Militärflugzeug gesichtet, das aus Richtung Perl" kam.[12]

In allen diesen Fällen wird wohl die konventionelle Erklärung zutreffen.
Im Juni 1947 kamen dann die fliegenden Untertassen. Am 24. Juni 1947 hatte der amerikanische Pilot Kenneth Arnold über dem US-Staat Washington einen Schwarm von neun rochenartigen Flugobjekten gesehen, die flogen „wie Untertassen, die man übers Wasser hüpfen lässt". Sein Wort prägte den Begriff der „fliegenden Untertassen", die schnell rund und untertassenförmig gesehen wurden. Die Meldung erreichte bereits wenige Tage später die Zeitungen auf der ganzen Welt.

Frühe UFOs

Aber Berichte etwa aus Deutschland erfolgten nur sehr sporadisch. Doch schon zweieinhalb Jahre danach stürzte eine Untertasse über dem Saarland ab und erzeugte überall im gesamten Bundesgebiet Schlagzeilen – bei denen die Beobachtung oft ironisch mit der noch offenen Saarfrage in Verbindung gebracht wurde. „Marsbewohner zur Lösung der Saarfrage?", titelten beispielsweise die „Badischen neueste Nachrichten".

Eine „fliegende Untertasse" im Saarland

Saarbrücken. 17. 3. [1950] Die Saarbrücker „Volksstimme" berichtet, daß am vergangenen Samstag im Kreis St. Wendel im Saargebiet eine „fliegende Untertasse" zerschellt sein soll. Nach dem Bericht des Blattes erschien gegen 23 Uhr am dunklen Nachthimmel eine sonnenhelle Kugel, die sich in Spiralen der Erde näherte. Die ganze Gegend sei taghell erleuchtet gewesen. Dann sei die Kugel, in der man beim Näherkommen eine „fliegende Untertasse" zu erkennen glaubte, aufgeprallt und habe einen Funkenregen verursacht, der einem Vulkanausbruch ähnelte. Jetzt suche man nach den Resten dieser „Untertasse" und frage sich, ob hier etwa, wie kürzlich aus Mexiko gemeldet, ein Marsbewohner die Erde betreten habe. „Die immer bösen Zungen", schreibt das Blatt, „flüstern zu, der Marsbewohner sei zur endgültigen Lösung der Saarfrage erschienen". Auch über Sizilien wollen Augenzeugen „fliegende Untertassen" beobachtet haben. Eine dieser seltsamen Erscheinungen soll am Mittwoch mehrere Stunden über der bei Ragusa gelegenen Ortschaft Comiso verharrt haben.[13]

UFOs an der französischen Saar

1954 kam es in ganz Frankreich, aber auch in den Grenzregionen zu Deutschland, zu einer gewaltigen Aufregung, bei der fast jeden Tag fliegende Untertassen und ihre Piloten gesehen wurden. Von dieser Welle war bereits in „Geheimnisse des Saarlandes" die Rede, bei den doppelt aufgeführten Berichten korrigieren die neuen Datumsangaben diejenigen aus meinem ersten Buch. Sie stammen von Patrick Gross, einem französischen UFO-Forscher, der sämtliche Berichte der Zeit noch einmal unter die Lupe genommen hat.
Der erste Bericht aus der Region ist noch zwanzig Kilometer vom Saarland entfernt. Um 23 Uhr in der Nacht des 1. Oktober beobachteten zwei Männer aus Bassing einen ovalen Lichtfleck, der zwischen Vergaville und Bidestroff hin und her flog.[14]

Noch weiter in Frankreich waren die Zeugen des UFOs von Gueblin in der Nähe von Sarrebourg. Sie sahen ebenfalls ein helles Licht, das viele bunte Lichter ausstrahlte und fast bis zum Boden herabkam, Sie nahmen an, es sei gelandet.[15]
In Valette, fünf Kilometer südlich von Forbach, wurde am 19. Oktober die weitere Landung einer Untertasse gemeldet. Auguste Kempenich hatte das UFO auf seinem Acker bemerkt. Später stellte er fest, dass das Laub der umstehenden Bäume angesengt und sein Feld „umgepflügt" worden war. Der UFO-Forscher Jean Sider merkte aber an, dass auch Wildschweine für das gepflügte Feld verantwortlich gewesen sein könnten.[16]
Am 21. Oktober wurde eine Untertasse aus Longeville-lès-Saint-Avold gemeldet. Um 19 Uhr kam Eugène Braun aus Paris zurück und befand sich auf der Nationalstraße unweit von Trois-Maisons, als er unzählige „Lichtkugeln" sah, die symmetrisch und konzentrisch in einem nahe Feld erglühten. Das Phänomen war nur rund 200 Meter von ihm entfernt. Die Lichter leuchteten gelb, grün und rot und schienen auf, als er sich im Auto näherte. Als es vorbei war, erloschen sie wieder. Eine faszinierende Erscheinung![17]
Die letzte französischer Sichtung in der Region erfolgte am 1. November 1954 um 20.10 Uhr über Sarreguemines. Viele Bewohner der Stadt hatten ein helles Licht bemerkt, das hoch über der Stadt in Richtung Remelfing über den Himmel raste. Es gab damals hunderte solcher Sichtungen im gesamten Norden Frankreichs – es hatte sich um einen Boliden gehandelt, einen besonders hellen Meteor.[18]

Erklärungen: Ein Kurs im Irren

In William Shakespeares „Hamlet" betrachtet der tragische Held Hamlet mit Polonius den Himmel. „Seht Ihr die Wolke dort, beinah in Gestalt eines Kamels?", fragt Hamlet sein Gegenüber. „Beim Himmel, sie sieht auch wirklich aus wie ein Kamel", antwortet Polonius.

Hamlet: Mich dünkt, sie sieht aus wie ein Wiesel.
Polonius: Sie hat einen Rücken wie ein Wiesel.
Hamlet: Oder wie ein Walfisch?
Polonius: Ganz wie ein Walfisch.

Viele Dinge am Himmel sind in diesem Sinne „untertassisch" und gestaltwandelnd – dem Augenzeugen kommen sie wie ein UFO vor, dem erfahrenen Untersucher jedoch wie ein Bolide, wie ein Stern, ein Planet oder ein Flugzeug. Denn so unglaublich es erscheint – die meisten UFO-Beobachtungen lassen sich leicht konventionell auflösen.

Der UFO-Forscher Hans-Werner Peiniger im Interview

Was weiß man über UFOs? Seit 1972 untersucht die Gesellschaft zur Erforschung des UFO-Phänomens (kurz: GEP) mit Sitz in Lüdenscheid unter ihrem Vorsitzenden Hans-Werner Peiniger Beobachtungen von ungewöhnlichen Himmelsobjekten. Mittlerweile hat der Verein über 5700 Zeugenberichte über UFOs oder UAPs (Unidentifizierte Anomale Phänomene, eine jüngst eingeführte neue Bezeichnung für UFOs) mit wissenschaftlicher Methodik auf Herz und Nieren geprüft. Mit erstaunlichen Ergebnissen.

Hans-Werner Peiniger, geb. 1957, nennt als Schwerpunkte seiner Forschertätigkeit die Dokumentation und Untersuchung sogenannter UFO-/UAP-Beobachtungen aus dem deutschsprachigen Raum. In über 50 Jahren intensiver Ermittlungstätigkeit hat er über 5500 UFO-/UAP-Fälle bearbeitet, Fotos und Videoaufnahmen analysiert, mit unzähligen Augenzeugen gesprochen und vor Ort Felduntersuchungen und Spurensicherungen durchgeführt.. Hans-Werner Peiniger ist Autor zahlreicher Beiträge zur UFO-Forschung, Fallanalysen und Rezensionen themenbezogener Literatur, die in der von der GEP herausgegebenen Fachzeitschrift „Journal für UFO-Forschung (JUFOF)" erscheinen.

Frage: Wie geht die GEP bei einer Untersuchung vor?
Hans-Werner Peiniger: Für eine sachgerechte Beurteilung von Sichtungsberichten sind Angaben erforderlich, die uns die Augenzeugen nicht immer bei ihrem Erstkontakt mitteilen. So ist der erste Schritt die Kontaktaufnahme mit den Augenzeugen und die Klärung offener Fragen. Parallel dazu überprüfen wir den Luftraum, ob sich z.B. Flugzeuge und Hubschrauber im Blickbereich befanden, wir überprüfen die meteorologischen Gegebenheiten, wir rekonstruieren bei Bedarf die astronomische Situation zum Zeitpunkt der Beobachtung, wir rekonstruieren Satellitenflüge, wir überprüfen das uns vorgelegte Bildmaterial, ggf. mit bildforensischen Methoden. Wenn es uns erforderlich erscheint, besuchen wir die Augenzeugen und befragen sie vor Ort oder führen im Rahmen einer Felduntersuchung Spurensicherungen durch. Das ganze Material wird zusammengeführt, unter Kolleginnen und Kollegen diskutiert und am Ende erhält der Fall eine Endbeurteilung.

Frage: Wie viele Prozent der eingehenden Sichtungen kann sich die GEP nicht erklären?
Hans-Werner Peiniger: Der Prozentsatz schwankt immer wieder mal. Er liegt in der Regel bei 5 % und damit liegen wir im internationalen Vergleich.

Frage: Gleichen sich denn die unerklärten Berichte untereinander?

Hans-Werner Peiniger: Wir haben unsere besten ungeklärten Fälle in einem Projekt nochmals betrachtet und z. B. nach Gemeinsamkeiten gesucht. Das müsste der Fall sein, wenn uns z. B. eine außerirdische Zivilisation besucht. Diese fanden wir jedoch nicht. Jeder Fall ist höchst individuell und zeigt eigene Eigenschaften und unterschiedliche anomale Merkmale, die den Fall letztendlich für den Augenzeugen und für uns so ungewöhnlich erscheinen lassen, dass wir ihn als ein „echtes" UFO/UAP klassifiziert haben.

Frage: Und wie steht es mit den erklärten Sichtungen? Was sehen die Leute?

Hans-Werner Peiniger: Es gibt praktisch nichts, was am Himmel erscheinen kann und noch nicht als UFO gemeldet worden ist. Zu den Hauptverursachern sind Ballons jeglicher Art zu zählen, meistens sogenannte Folienballons. Es folgen Satelliten, insbesondere die sogenannten Starlink-Satelliten, die in größerer Zahl in den Erdorbit ausgesetzt werden und sich dann hintereinander als Kette formieren. Für den Beobachter vom Boden aus sieht das so aus, als würde eine Lichterkette über den Himmel ziehen. Ferner haben wir sehr oft Objekte auf Foto- und Videoaufnahmen, die auf Insekten und Vögel zurückzuführen sind. Aber auch Sterne und Planeten, Drohnen, sowie Hubschrauber und Flugzeuge mit ihren Kondensstreifen werden häufig als UFOs fehlinterpretiert. Bewusster Schwindel kommt relativ selten vor und ist prozentual nicht relevant.

Frage: Was kann ich tun, wenn ich denke, dass ich ein UFO gesehen habe?

Hans-Werner Peiniger: Unmittelbar nach der Sichtung sollten die wesentlichen Details notiert werden. Heute hat fast jedermann ein Handy dabei, daher kann man sich sofort eine Notiz anlegen. Die sollte gewisse Mindestangaben enthalten wie z. B. Datum und Uhrzeit zu Beginn der Sichtung, Dauer der Sichtung, wie ist das Objekt erschienen und in welcher Richtung, wie hat es sich bewegt, wie und in welcher Richtung ist es verschwunden. Wie hat das Objekt ausgesehen, waren Strukturen am Objekt zu erkennen, irgendwelche Lichter, blinkend oder dauerhaft leuchtend. Diese Angaben sind sehr hilfreich, wenn uns dann dieses Ereignis gemeldet wird. Offene Fragen werden dann im nächsten Schritt mit den Augenzeugen geklärt.

Wer glaubt, ein UFO gesehen zu haben, kann die GEP kontaktieren unter:
https://www.ufo-forschung.de/ufo-melden

Zum Beispiel als Fehldeutung von Sternen oder Planeten. Im Februar 2024 beobachtete ein 17-jähriger Junge bei Saarbrücken-Herrensohr gegen 23.30 Uhr ganze 15 Minuten lang in südöstlicher Richtung einen „Plasmaball" am Himmel. Mal war die Lichtkugel zu sehen, mal verschwand sie aus dem Blick und tauchte dann an anderer Stelle wieder auf. Hans-Werner Peiniger von der GEP stellt fest: „Einer astronomischen Rekonstruktion zufolge könnte es sich um den Stern Sirius gehandelt haben, der in südsüdöstlicher Richtung, in einer Höhe von ca. 23 Grad, stand." Das Verschwinden mag mit der Wolkendecke zusammengehangen haben.[19]

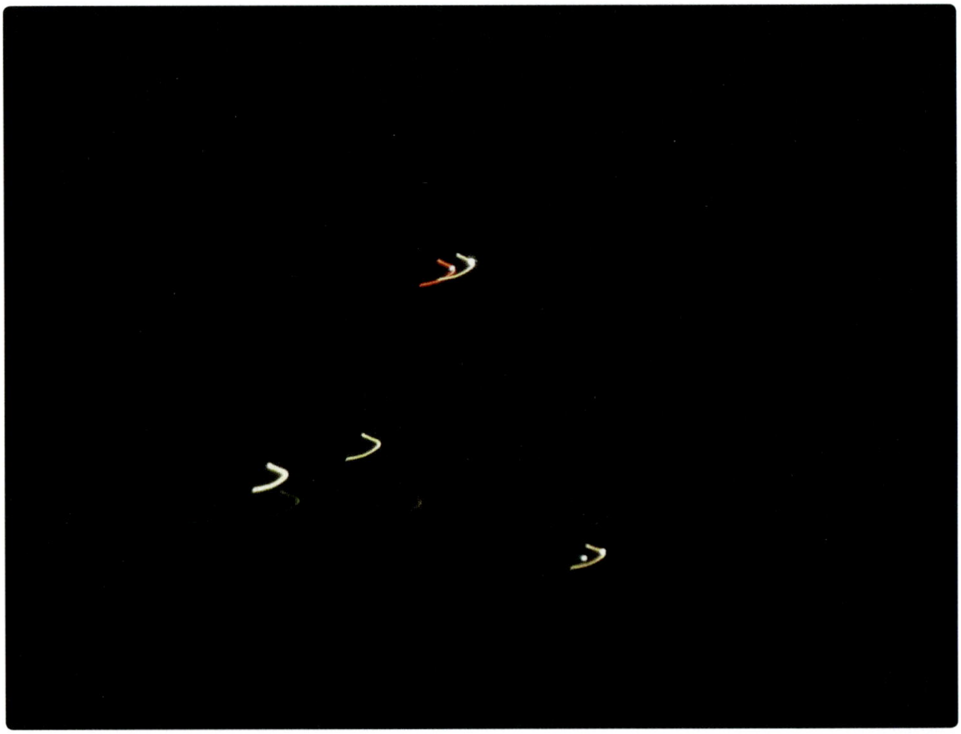

Ein Flugzeug kann nachts wie ein fliegendes Dreieck aussehen.

Flugzeuge werden viel häufiger, als man denken sollte, für fliegende Untertassen oder zumindest für ein ungewöhnliches Himmelsphänomen gehalten. Als eine Frau am 23. April 2022 über Neunkirchen einen ihr unbekannten Flugkörper sah, konnte sie mit dem Handy einen Film davon aufnehmen. Das Video zeigte „zwei gleichmäßig aufblinkende Lichter, die sich von links nach rechts geräuschlos am Himmel bewegen". Eine Überprüfung durch Hans-Werner Peiniger ergab, dass sich genau auf der Flugbahn und zur Zeit der Aufnahme eine Boeing C-17A Globemaster III der U.S. Air Force im Landeanflug auf Ramstein Air-Base befand.[20]

Auch Ballone, sowohl als Thai-Laterne als auch als selbstgebastelter Miniatur-Heißluftballon, als Ballontraube vom Rummel oder in Form eines Wetterballons, stecken hinter vielen Sichtungen, die für den Beobachter überraschend und zuweilen beängstigend sind. Am 29. Oktober 2021 sah eine Frau in Saarbrücken-St. Johann um 10.50 Uhr ein „größeres weißes Objekt" am Himmel. Es war „ballonförmig" und schien sie zu verfolgen.[21] Ob es sich tatsächlich um einen Ballon handelte, ist aber nicht erwiesen.
In letzter Zeit sind Drohnen zu einem der typischen Auslöser für UFO-Sichtungen geworden. Am 2. Oktober 2023 beobachtete und fotografierte ein 46-jähriger Zeuge über Alt-Saarbrücken ein zunächst unbewegliches Objekt am Nachthimmel, das abwechselnd weiß, grün und rot blinkte. Es bewegte sich plötzlich rasend schnell und flog dann gemächlich davon. Ähnlich ein Objekt, das am 17. Oktober 2021 über Saarbrücken-St. Johann wahrgenommen wurde. Da filmte ein Ehepaar ein helles Licht am Himmel, das sich sehr schnell nach oben entfernte. Erfahrungsgemäß deuten solche Beschreibungen auf eine Drohne hin.[22]

„Gerade Linie, gleicher Abstand, viele Lichter" – Starlink-Satelliten.

Die internationale Raumstation ISS ist in manchen Nächten gut zu sehen. Meldungen, die auf sie zurückgehen, lassen sich gut überprüfen. So wie am 20. Mai 2022, als ein 68-jähriger Mann aus Saarbrücken-Güdingen bei geöffnetem Fenster nachts um 22.38

Uhr ein helles Licht im Nordwesten sah, das „langsam und gleichmäßig" in etwa 40 bis 50 Sekunden in nordöstliche Richtung zog – genau zu der Zeit, als am angegebenen Ort die ISS über Süddeutschland flog.[23]

Für noch mehr Aufregung als Drohnen und Flugzeuge zusammen sorgten die Massenstarts der Starlink-Satelliten von Elon Musk zu Beginn der 2020er-Jahre. Am 27. August 2020 sichtete eine Gruppe Leute von Blieskastel aus 15 bis 16 helle Lichter am Himmel, die in einer geraden Linie, mit großem, aber gleichbleibendem Abstand, hintereinander herflogen. Das ganze dauerte 45 Minuten.[24]

Zwei Jahre später, am 20. August 2022, beobachtete und fotografierte ein 53-jähriger Mann bei Wörschweiler „eine hell leuchtende Ansammlung von runden Lichtern, weiß, aufgereiht wie auf einer Kette", die sich langsam über den Himmel bewegte. Auch hier waren von Homburg aus die Starlink-Satelliten zu sehen.[25]

Im Grunde kann alles, was ungewöhnlich erscheint und über den Himmel zieht, als UFO gemeldet werden. Sogar Ackerplanen. Bei Zweibrücken beobachteten Anwohner am 26. April 2020 gegen 16.50 Uhr die Landung eines UFOs auf dem Ernstweiler Friedhof. Das Ding war zuerst über Zweibrücken-Bubenhausen neben der Autobahn gesehen worden, bevor es auf dem Friedhof niederging. Es war ein rund 100 auf 20 Meter großes Vlies von einem Erdbeerfeld, das der Wind mit sich getragen hatte.[26]

Ein Spielzeug – ein per Schleuder hochgeschossener, selbstleuchtender Kreisel – erzeugte diese Spur auf einem Foto.

Manche kniffligen Beobachtungen galten bei der GEP zunächst als vorläufig unidentifiziert – bis Hans-Werner Peiniger und seine Forscherkollegen doch noch eine Lösung fanden.
So wie bei den fünf hellen Lichtern, „wie ein Dreieck geformt", die am 2. November 2012 um 1.45 Uhr über Zweibrücken auftauchten und für drei bis vier Minuten am Himmel schwebten, bis sie von einer Wolke verdeckt wurden. Was zuerst verblüffte, wurde schließlich als Flotte von Himmelslaternen oder Miniatur-Heißluftballonen identifiziert.[27]
Zu wenige Daten liegen für einen anderen Fall vor – am 25. Februar 2023 um 22.35 Uhr sichtete ein 26-jähriger Mann über Saarlouis-Röderberg ein Licht wie ein Stern, aber mit gelbem Licht, das etwas sank und dann sehr schnell wegflog, „noch 1000x schneller als was ich bisher gesehen habe".[28]
Über Friedrichsthal filmte eine Frau am 3. November 2023 um 18.17 Uhr „ein Objekt, das rot/grün/weiß leuchtete". Es blitzte im Sekundentakt auf und schien am Himmel still zu stehen.[29] Die Untersuchungen ergaben, dass es sich wohl um eine Drohne gehandelt hatte.
Und doch bleiben manche Beobachtungen auch unidentifiziert – zumindest, bis weitere Erkenntnisse vorliegen. Bei diesen Fällen ist nach wie vor unklar, ob die Untersucher der GEP eine Lösung finden werden, und wenn ja, welche das sein wird.
Am 23. August 2022 um 22.36 Uhr beobachtete ein Ehepaar über Illingen-Hüttigweiler einen „recht hellen Stern", heller als jeder je zuvor bemerkte Stern, der nach ein paar Minuten von rechts nach links zu schwanken schien. Dann bewegte er sich halbkreisförmig von links nach rechts.[30] Betrachtet man konzentriert einen Stern in der Nacht, dann beginnt er sich bald zu bewegen, der sogenannte autokinetische Effekt. War das der Auslöser?
Nur die wenigsten der nicht geklärten oder nur im Ansatz gelösten Meldungen sind aber so sensationell wie das, was wir in Sciencefiction-Filmen sehen. Eine dieser interessanten Begegnungen meldet ein 25-jähriger Zeuge. Er beobachtete am 22. September 2021 um 16.15 Uhr über Saarbrücken-St. Johann einen „dunkelgrauen bis schwarzen länglichen Flugkörper" am Himmel im Westen. Er zog knapp über dem Horizont nach Norden. Drei Stunden später erschien dann „ein punktförmiges schwarzes Objekt", und an diesem vorbei zog ein weiterer länglicher Flugkörper, in geringer Höhe und nach Südwesten.[31] Der Zeuge schloss aus, dass es sich um Flugzeuge gehandelt hatte, weil er weder Kondensstreifen noch Lichtreflexionen sah. Allerdings hatten die Zylinder an der Seite dreieckige Ausbuchtungen wie Tragflächen.
Der jüngste Fall aus der Region Saar stammt aus Gusterath im Landkreis Trier-Saarburg. Er ereignete sich also nicht im Saarland, kann dafür aber durch ein Foto belegt werden. Am 11. Mai 2024 befand sich ein Vater mit seinem Sohn auf einer Anhöhe bei der Gemeinde, um Polarlichter zu fotografieren, als sein Sohn plötzlich rief: „Hey, man, was war das denn? Ein UFO?" Und tatsächlich hatte sein Vater zu just diesem Augenblick bei einer

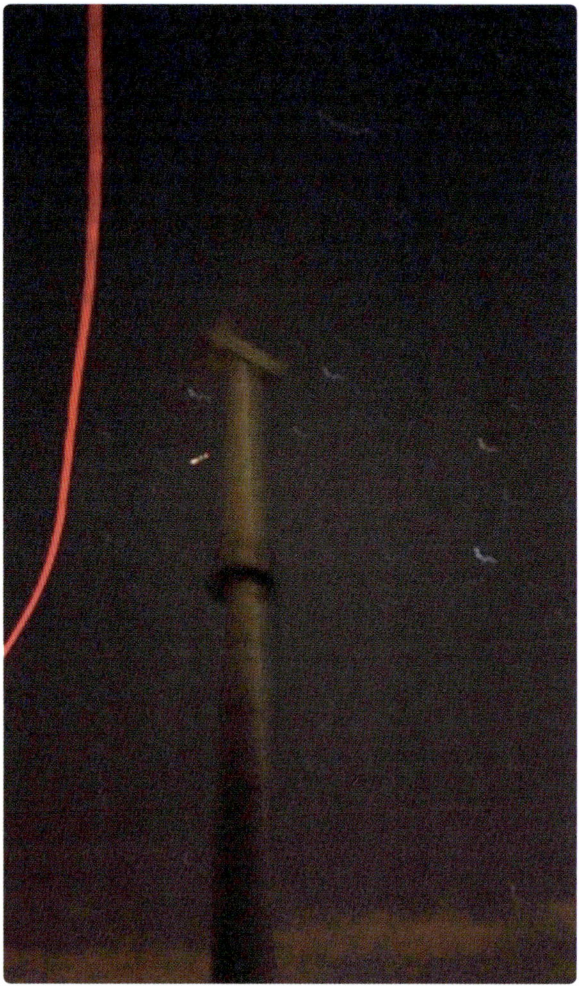

Die Leuchtspur von Gusterath.

Belichtungszeit von vier Sekunden einen merkwürdigen, sich biegenden roten Lichtstrahl aufgenommen – mit bloßen Augen hatte er nichts bemerkt. Auch meinte sein Sohn, er habe ein weißes und kein rotes Licht gesehen.

Erklärungsansätze gibt es viele, und am stärksten ähnelt das Licht einem schwachen roten LED, das in rund einem Meter Entfernung an der Kamera entlang bewegt wird, doch der Zeuge gab an, kein solches Licht verwendet zu haben. War es nur, wie der Zeuge als Möglichkeit vorschlägt, das Licht einer Windturbine?

Noch beißen sich die UFO-Forscher an dem Bericht und Foto die Zähne aus, noch laufen die Untersuchungen fieberhaft – war es etwas Unerklärliches oder findet man doch noch eine herkömmliche Erklärung?[32]

Die Kornkreise

Kornkreise, mysteriöse, zum größten Teil kreisrunde, niedergelegte Flächen in Getreidefeldern, waren in der Zeit von 1980 bis Mitte der 1990er-Jahre eines der größten Geheimnisse. Mittlerweile hat sich herumgesprochen, dass der überwiegende Teil der Kreise von Menschen gemacht wurden, als anonyme Kunstwerke in der Art der Graffiti auf Betonwänden.

Das Saarland hatte seinen Anteil am Phänomen, dort saßen Kornkreisforscher wie Kornkreiskünstler.

Der letzte Kreis der Region wurde in Lixheim entdeckt, nahe der Saar, aber nicht im Saarland, sondern im französischen Département Moselle etwa neun Kilometer nordöstlich von Sarrebourg. In der Region waren schon zuvor Kornkreise gefunden worden, die jüngsten am 18. Juni 2017. Andreas Müller, der Kornkreise untersucht, kam zu dem Schluss, dass alle diese Kreise „ganz offenkundig" von Menschenhand stammten, weil sie „klassische Konstruktionsfehler" aufwiesen.[33]

Durch Pilzbewuchs erzeugter „Hexenkreis".

Noch weiter in Frankreich, 20 Kilometer nördlich der Quelle der Roten Saar, erhebt sich der Bastberg bei Bouxwiller im Elsass. Von dort berichtete der Frankfurter Patrizier Johann Friedrich von Uffenbach am 26. Mai 1713:

Es ist sonst diesser berg derselbe davon […] gemeldet wird, daß man in dem Gras runde Zirkel findet, darin das Gras ganz gelb ist, und von deren uhrsach so vile muthmassungen gestellet werden; die gemeiner Leute opinion ist sonsten durchgehends, dass die hexen alda zusammenköhmen und ihren tanz hielten davon das gras so gelb würde.[34]

Um was es sich bei diesen Graskreisen gehandelt hat, kann schwerlich per Ferndiagnose festgestellt werden. Sicher jedoch waren es keine „modernen" Kornkreise, eine Deutung als Pilzbefall (Hexenkreis) scheint wahrscheinlicher. Pilze bilden häufig Kreise aus, die man in Deutschland für die Versammlungsplätze von Hexen, in Großbritannien für die Tanzplätze von Elfen und Kobolden hielt. Solche Hexenringe könnten einige Berichte über Kornkreise erklären, die älter sind als das moderne UFO-Zeitalter.

Eine andere „skeptische" Erklärung für Kornkreise war die, dass es sich um Plätze im Getreide handeln könnte, die von Rehen niedergedrückt wurden. Das ist eine weit hergeholte Behauptung (die meisten Kreise hatten eine ganz andere Erklärung), aber ein Abenteuer zweier Wanderer im Juni 1942 deutet zumindest darauf hin, dass so etwas tatsächlich passiert sein könnte. Ein Mann aus Saarlouis war mit seiner Frau morgens unterwegs, als vor ihnen ein Reh aus dem Wald kam und sich auf einem Acker niederlegte, „während ein zweites Reh um das auf der Erde kauernde weite Kreise zog". Das Reh, das im Feld lag, war ein Weibchen und gebar, das Ehepaar packte zu und zog als Geburtshelfer das Kitz ans Licht der Welt. Dann verschwanden Papa Reh, Mama Reh und Baby Reh wieder im Wald. Welche Spuren hinterließ der Kreislauf?[35]

4 — Spuk – manchmal gewöhnlich, manchmal übernatürlich

Weit verbreitet war Gespensterfurcht noch beim Wechsel vom 19. zum 20. Jahrhundert. „Der praktische Universal-Ratgeber" schrieb damals:

> *Es ist merkwürdig, wie stark der Glaube an Gespenster und die Furcht vor Gespenstern verbreitet ist, obwohl noch niemand je ein solches Ungetüm gesehen hat. Man kann sich von diesem Glauben am besten überzeugen, wenn man in einer beliebigen Gesellschaft, etwa im Wirtshaus, eine sogen. Gespenstergeschichte erzählt. Man hat dann ein Thema angezapft, dessen Grund sprudelnd fließt und sich den ganzen Abend nicht erschöpft. Jeder weiß dann eine oder mehrere solcher Geschichten zu erzählen, die er von Hans oder Kunz, von der Base oder der Großmutter gehört hat, ja es ist der Fall nicht ausgeschlossen, daß der eine oder der andere eine derartige Geschichte selbst erlebt haben will. Der Ratgeber machte sich einmal den Spaß, in einer Wirtshausgesellschaft zu erzählen, es sei ihm im Mondenscheine ein Reiter ohne Kopf begegnet. Ja, so etwas kommt vor, rief einer aus der Gesellschaft. Niemand aber machte den Einwurf, ob ich mich im Zwielicht nicht versehen habe, ob es sich nicht um eine Halluzination (in diesem Falle besser Hallunkination) handle? Im Gegenteil war jeder nur darauf bedacht, zur Unterhaltung im Sinne des Gespensterglaubens beizutragen.*

Als aber der Erzähler am folgenden Abend bekannt gab, er habe das alles nur erfunden, wollte „auch keiner mehr etwas von Gespensterglauben wissen, es sei alles Unsinn usw."[1] Dieser aufklärerische Impuls der Presse ist bis heute lebendig geblieben und beeinflusst auch Menschen, die etwas Unheimliches erlebt haben. Wer erzählt denn noch frei und frank, er sei einem Gespenst begegnet?

Dabei sind die Sagen der Saar eindeutig – kaum ein Flecken, kaum ein Forst, aus dem nicht mehrere Erzählungen über spukende Menschen oder Tiere, Geisterkutschen oder unheimliche Laute gemeldet worden sind. Um 1950 wurde noch erzählt, dass vor rund 100 bis 200 Jahren Gespenster bei Großblittersdorf, „wie ohnehin jeder weiß, sehr schlimm" waren.[2]

So soll auch ein Gespenst 1850 in Hüttersdorf, einem Ortsteil von Schmelz, vor einer Frau aufgetaucht sein, eine „große Gestalt,[...] die am ganzen Leib kupferrot glänzte und glühte". Das Wesen trug einen langen Mantel und einen dreieckigen Hut. Die Frau schaute weg, schaute dann wieder hin, aber der unheimliche Mann war verschwunden.[3]

Am Großen Stiefel sahen Zeugen noch vor 1865 ein große Kutsche mit Kutscher, Herren und Damen, die plötzlich verschwand, als ein alter Mann in Jägerkleidung auf sie zuging – wohl der wilde Jäger der Tradition, eine Gestalt, die vielleicht bis in heidnische Zeiten zurückreicht.[4]

Ein Gespenst. Darstellung vom Anfang des 19. Jahrhunderts

In Püttlingen wiederum wurde 1902 das Gespenst eines Erhängten gesehen,[5] in der Abtei Wadgassen erschien in den 1920er-Jahren der Geist eines Mönches, ein „Ordensmann im weißen Gewande, und merkwürdigerweise mit schwarzem Hut und sonst mit schwarzem Vollbart",[6] in St. Wendel „zogen früher zahlreiche spukhafte Gestalten in den Gassen umher."Sie galten als die Seelen Verstorbener, die nach dem Tode keine Ruhe finden konnten,[7] in der Appoltschen Grabkapelle bei Sulzbach, vor 1899 gebaut, irrt das Industriellenpaar Auguste und Georg Appolt noch heute ruhelos um.[8] Im 19. Jahrhundert war das Haus Weiße Taube zu Saarbrücken „wegen der darin umgehenden Geister stets berühmt" – darunter eine Frau in altertümlicher Tracht und hoher Haube und ein baumlanger Kerl. Poltergeister lärmten auf der Treppe und eine Frau spürte nachts, wie eine Hand sie an ihre Hand fasste, obwohl sie alleine im Raum war.[9] Selbst noch 1935 will ein in Großrosseln lebender Bergmann Stimmen im Hammergraben, einem Abschnitt der Rossel, gehört haben. Er vermutete, es seien die „Arme Seelen, die mich um Fürbitte anflehten". Ihm sei auch seine verstorbene Mutter erschienen.[10]

Zahlreiche weitere Beispiele, von dem Datum her eher unbestimmt, ließen sich erfassen. Ein Blick in Karl Lohmeyers „Sagen der Saar" wird so manchen Leser überraschen. An Spukgeschichten herrscht wahrlich kein Mangel.

Der englische Anwalt und Geisterexperte Alan Murdie hat 106 britische und irische Spukfälle untersucht, die zwischen dem 1. Januar und dem 30. Juni 2007 in der englischsprachigen Presse gemeldet wurden – eine sagenhaft hohe Zahl, die in Deutschland ganz sicherlich nicht erreicht wird. Dabei fielen mehrere Konstanten auf, aber auch Elemente, die Geistererscheinungen in die Nähe von Ufo-Begegnungen oder andere vorgeblich paranormale Phänomene bringen.

So wurden 10 Fälle von Menschen gemeldet, die kurz vor dem Einschlafen oder Aufwachen im Bett lagen. Dabei handelt es sich um ein konventionelles psychologisches Phänomen, die sogenannte Hypnagogie, die nicht gänzlich erklärt ist, aber auch nichts Übernatürliches hat. In weiteren 15 Prozent der Fälle befanden sich die Augenzeugen im Schlafzimmer. Nur 20 Prozent aller Fälle ereigneten sich in der Nacht (der typische Mitternachtsgeist ist also eine Fiktion), 54 Prozent aller Fälle wurden in Gebäuden erlebt, die älter als 100 Jahre waren – es ist also etwas dran an der Vorstellung, dass es in alten Gemäuern spukt. 12 Fälle, also nur 11 Prozent, ereigneten sich im Freien – das steht in einem eklatanten Gegensatz zu den Spukgeschichten der Sagen, wo nächtliche Wanderer häufig von Gespenstern erschreckt werden. In 16 Prozent aller Fälle war die gemeldete Begegnung nicht die erste am Spukort, 9 Fälle (8 Prozent) ereigneten sich im Keller, 3 Prozent in einer Küche, aber 14 Fälle (13 Prozent) auf einer Treppe.

Physikalische Beweise für die Vorfälle sind eher selten, so wie bei UFOs. Fußabdrücke wurden bei zwei Gespensterbegegnungen gemeldet, Störungen im Telefon in sechs Fällen, und ein Versagen technischer Apparaturen in weiteren zwei Fällen.

Eine Umfrage von Dr. Paul Lee ergab 2023, dass die meisten Spukfälle in Großbritannien aus Restaurants gemeldet wurden (es spukte in 17 von 73 erfassten), gefolgt von Pubs (183 Fälle in 1020 angeschriebenen). Burgen hingegen waren erstaunlich spukleer. Nur in 19 von 134 angefragten Burgen gab es angeblich ein Gespenst, 47 Burgbesitzer betonten ausdrücklich, bei ihnen spuke es nicht. Auf dem letzten Platz landeten Hotels, von denen 733 angeschrieben wurden, aber nur 85 etwas von einem Geist wussten.[11] Vielleicht spiegeln die Ergebnisse, dass Geister im Pub Gäste anlocken, im Hotel aber nicht ...
Die in Zeitungsberichten geschilderten Geisterfälle aus dem Saarland entsprechen diesen britischen Statistiken nicht unbedingt – vielleicht auch, weil fast alle Gespensterbegegnungen eine natürliche Auflösung erhielten. Ob das so ist, weil es im Saarland weniger spukt oder weil Zeugen lieber eine Geschichte erzählen, in der sie zugeben, dass sie sich getäuscht haben oder weil die Presse nur solche Nachrichten druckt – jedenfalls sind die Saargeister eher erklärbar, wenn auch mitunter mit einem besonderen Aha-Effekt.
Üblen Dämpfen gab man 1875 in Merzig die Schuld, als eine Familie aus dem Ort, Vater, Mutter und Kind, plötzlich Erscheinungen hatten:

> *Der Mann gerieth in die bedenklichsten Gespenster-Delirien, so daß man die größte Besorgniß für seinen Verstand haben mußte. Auch die Frau kam in den Zustand der Besinnungslosigkeit, desgleichen das Kind, dieses jedoch in geringerem Grade. Man wußte anfangs keinen faßbaren Grund für dieses Familien-Unglück zu finden. Als ein Schwager den Mann mehrere Stunden in dem Zimmer bewachte, fühlte auch dieser so starke Kopfschmerzen, daß er glaubte, die Schuld des Uebels dem Wohnzimmer zuschreiben zu müssen. Und wirklich ergab sich bald ein ganz natürlicher Erklärungsgrund. Unter dem Wohnzimmer befindet sich ein Kelterhaus, in welchem mehrere Fuder neuer Wein und Rothtrauben in Gährung lagern. Da über dem Gewölbe nur ein einfacher Dielenboden liegt, so stiegen die Gase aus dem Kelterhause leicht in das Wohnzimmer jener Familie und richteten nach und nach jenes Unglück an. Der Mann ist wieder hergestellt, desgleichen das Kind auf Genesung, aber der Zustand der Frau ist noch immer bedenklich.*[12]

Eine Täuschung nutzte ein Krimineller im Mai 1881 in Saarbrücken, als er ins Haus einer alten Dame einstieg. „Dieselbe erwachte mitten in der Nacht und sah einen Kerl vor ihrem Bette stehen, das Gesicht über und über geschwärzt. Anfangs hielt sie den Eindringling für ein Gespenst, bis derselbe mit gezücktem Messer die Hergabe des Geldes forderte." Er griff, als wüsste er, was er suchte, unter das Kopfkissen der Frau, zog einen Schlüsselbund

heraus, öffnete alle Schubladen und entkam mit den Ersparnissen der Witwe in Höhe von 204 Mark in Gold. „Die Wittwe war während der Anwesenheit des Menschen derart von Schrecken gelähmt, daß sie nicht einmal einen Hülferuf hervorbringen konnte."[13]
Ganz ungewöhnlich, wenn auch wenig spukhaft, löste sich der Fall des hüpfenden Gespenstes im Mai 1886.

> *Während des fürchterlichen Sturmes, der letzthin über dem Thal der Blies mit einer Wucht ohne Gleichen sich entfesselte, hatte sich, wie dem „Messin" berichtet wird, der Schäfer von Bl. kluger Weise in einen Karren zurückgezogen, die Heerde unter der Obhut seiner treuen Juno, einer von Saargemünd bis Pirmasens und Blieskastel unter diesem Namen wohlbekannten Hündin, in der Hürde zurücklassend. Die Nacht breitete ihren Schleier über die Felder rings umher, und selbst die nächstliegenden Gegenstände nahmen allmälig jene unbestimmte Form an, welche furchtsamen Seelen Schrecken einjagt. Da plötzlich fährt der Schäfer aus seinem Schlafe auf und sieht in verschwimmenden Umrissen ein phantastisches Wesen vor sich mit einem langen Schwanz, das klägliche Töne ausstieß und mit der Behendigkeit eines Seiltänzers auf der Deichsel seines Karrens die gewagtesten Sprünge ausführte. Den guten Mann packte die Angst, er griff nach der Flinte und schoß sie auf das Gespenst ab, er fehlte aber sein Ziel und fühlte plötzlich zu seinem wachsenden Schrecken zwei zottige Arme seinen Hals umschlingen. Da aber riß der Tapfere aus und flüchtete dem Dorfe zu, gefolgt von Juno, deren Gebell die fernsten Echos wachrief, und immer noch den unheimlichen Gast auf dem Rücken tragend. Im Dorfe klärte sich die Sache auf. Der Schäfer hatte es mit einem Affen zu thun, der, vor dem strömenden Regen Schutz suchend, durch seine unverstandenen Sprünge den Wunsch ausdrücken wollte, an der Seite des Mannes in dem Karren Platz zu finden. Wie nachträglich bekannt wurde, ist derselbe in Saarbrücken entschlüpft und sitzt gegenwärtig bereits wieder in seinem Käfig, in der Erinnerung an seinen tollen Streich und die Angst, die er dem armen Manne eingejagt, schwelgend. Dieser aber fühlt sich einigermaßen über den erlittenen Schrecken durch das Trinkgeld getröstet, das ihm von dem Eigenthümer des Affen zu Theil wurde.*[14]

Fast noch unerwarteter als ein ausgebüxter Affe ist die Auflösung des Gespenstes von Saarbücken im Mai 1894.

Mitverantwortlich für den Erfolg des Spiritismus waren Geisterfotos wie dieses – eine Doppelbelichtung.

An der oberen Saar ist der Aberglaube noch keineswegs ausgestorben; hierfür diene nachfolgendes Ereigniß zum Beweise, das durch die Indiscretion des erschienenen Geistes verrathen wurde. Gingen da, so erzählt die „Saarbr. Ztg., drei biedere Landleute, etwas angeheitert durch den guten „93er", in später Nachtstunde ihrem Wohnorte zu. Plötzlich taucht vor ihnen ein Licht auf, das sich vom Felde her den Furchtsamen näherte. Alle drei überfällt ein seltsam Gruseln und in ihrer Angst halten sie es für ausgemacht, daß es ein Gespenst sein müsse. Sie fallen auf die Knie und beten, während der eine mit den Händen allerlei Gesten macht und einen Geisterbannspruch murmelt. Alles vergeblich, unheimlich schlich's heran, man vernimmt nichts als die gesammelten Worte der bis auf den Tod Geängsteten, da kracht das Geklatsch einer Riesenohrfeige durch die Stille der Sommernacht, sie trifft den Geisterbeschwörer, und eine Frauenstimme, das bessere Ich des Abergläubischen, kreischt voller Wuth: „Wart emol, jetzt gehscht vor amer hem, ich werde dich schon leuchte, du–, mehr hörten die Genossen nicht, sie verschwanden mit Windeseile und schwiegen vor Scham über das ganze Ereigniß. Der Geist selbst aber nahm nach

> *einigen Tagen keinen Anstand, im ganzen Dorfe die Spiritistenjünger ihrer Gemarkung bloßzustellen und es regnet in Folge dessen Spott und Hohn in allen Tonarten auf die Geisterseher nieder.*[15]

1921 sorgte ein Klopfgeist in Ommersheim im Bliestal für Aufsehen, aber über den Fall war leider nicht mehr herauszubringen.[16]
Nur mittelbar spielt das Saarland eine Rolle bei einem ganz natürlichen Spuk von Ende 1936 in Wittlich. Damals war in einem Schlafzimmer der Eifelstadt ein Mann erschienen, der sich ein weißes Tuch übergezogen hatte und auf den im Bett liegenden Mann einprügelte. Auch die Ehefrau erhielt einen Schlag auf den Kopf und verlor das Bewusstsein. Das wenig spirituelle Gespenst aber raffte alles Bargeld des Paares zusammen und verschwand. Von dem gespenstischen Dieb fehlte jede Spur – und niemand konnte sagen, wer es vielleicht gewesen war.

> *Inzwischen ist das überfallene Ehepaar nach dem Saarland verzogen. Vor einigen Tagen sah die überfallene Ehefrau einen Mann an ihr vorübergehen, den sie sofort für den Täter hielt. Als sie ihn ansprach, erkannte sie ihn auch wieder an der Stimme. Sie benachrichtigte die Polizei und, da die Beweise für die Täterschaft des Mannes sehr belastend waren, wurde er festgenommen.*[17]

Ein großer Sprung über viele Jahrzehnte, und es meldet sich ein ganz moderner Spuk zu Wort – der Horrorclown. Am Abend des 29. Oktober 2016 erschreckte ein solcher Clown Reisende in derRegionalbahn von Saarbrücken nach St. Wendel. Er trug eine Maske und bedrohte die Mitfahrer mit einem Messer. Nachdem er in Neunkirchen ausgestiegen war, verängstigte er eine Mutter mit Kind, als er an die Scheibe pochte. Zwei Stunden später wurde der Mann festgenommen, ein polizeibekannter, betrunkener 26-Jähriger. „Die Maske und das Messer wurden sichergestellt. Ein Strafverfahren wegen Nötigung wurde eingeleitet."[18]
Hintergrund war sicher Halloween, und wieder entpuppte sich ein Gespenst als normaler Mensch. Anders soll das in Mettlach sein: In einer Liste der gruseligsten Schlösser Deutschlands führte der „Kölner Stadt-Anzeiger" im Oktober 2017 unter den ersten zehn auch das Kloster Tünsdorf auf – ein Ort aus dem Saarland schaffte es also in die Top Ten, denn „nachts soll man hier rasselnde Ketten und furchteinflößende Schritte vernehmen".[19]
Man sieht: Echten, unerklärlichen Spuk gibt es hauptsächlich in den Sagen – aber auch jenseits der Grenzen.

Und um das Saarland herum ...

Denn auch jenseits der Grenzen des heutigen Saarlands, in Orten, die kaum einige Hundert Meter entfernt liegen, hat es angeblich gespukt, auch hier werden oft konventionelle Erklärungen gegeben. Das beginnt mit der ersten Erzählung aus dem Jahr 1910. Sie stammt aus Hermeskeil, also von knapp außerhalb des heutigen Bundeslands.

> *Eine heitere Spukgeschichte wird in der „Trier. Ldsztg." aus einem Hochwalddorfe erzählt. Große Aufregung herrschte in der Familie X. Nachts ließ sich in einem Zimmer des Oberstocks stets ein Geräusch hören, als ob auf dem Boden gekegelt würde. Das Geräusch wiederholte sich in regelmäßiger Reihenfolge. Der Besitzer des Hauses ging, von seinem Sohne begleitet, die Treppe hinauf nach dem geheimnisvollen Zimmer. Auf der Treppe hörten sie noch das Geräusch, doch in das Zimmer eingetreten war der Spuk verstummt, und sie konnten auch gar nichts auffälliges bemerken. Kaum aber hatten die Männer das Zimmer verlassen und ihren Platz am Familientisch wieder eingenommen, als der alte Spuk von neuem sein Wesen trieb. Nach langer vergeblicher Mühe fand man eine am Boden liegende Weinflasche, in welche eine Maus gekrochen war. Sie hatte sich an den Zuckererbsen, welche von der Hausfrau in die Flasche gefüllt und schließlich der Vergessenheit anheimgefallen waren, so gütlich getan, daß sie durch den engen Hals der Flasche nicht wieder zurückkonnte. Keinen Ausweg findend, sprang die Maus nun in der Flasche umher und brachte dieselbe damit ins Rollen. Die Geschichte erregt große Heiterkeit im ganzen Dorfe und wird immer wieder erzählt.*[20]

Zweibrücken, kaum östlich der Grenze des Saarlandes und schon in der Pfalz gelegen, scheint hingegen echten Spuk anzuziehen.

„Bei der Belagerung Zweibrückens im Jahre 1635 wurde ein versprengter Reiter durch das sumpfige Wiesenthal (zwischen Kirrberg und der sog. Karlslust) verfolgt. Beinahe eingeholt erblickt er auf einmal drei weiße Gestalten, welche ihm winken. Dort angekommen versank Roß und Reiter im Sumpfe: die Stelle heißt der ‚Reiterbrunnen.'"[21]

Das bestätigt August Becker noch 1858 in „Die Pfalz und die Pfälzer": „Weiße Gestalten, Nixen, die ihm gewinkt haben, sieht man der Sage nach öfters noch jetzt dort."[22]

Bei dem Spuk, der sich im Jahr 1764 oder 1765 in Zweibrücken ereignete, versuchte vielleicht eine kranke, also noch lebende Mutter, mit ihrem Sohn zu kommunizieren. Ein Herr Steinheil aus dem elsässischen Schoppenweyher bei Strasbourg, 28 Jahre alt, arbeitete gemeinsam mit einem jungen Burschen von 16 Jahren beim fürstlich-zweibrückischen Gerichtsschreiber Städel. Beide wohnten im Hause ihres Dienstherren.

> *Eine Woche vor Pfingsten in einem der obbemeldten Jahre war er mit einem jungen Menschen in der gewöhnlichen Hausgesellschaft und verließ sie mit demselben um 10 Uhr, um sich zu Bette zu begeben. Kaum war er niedergelegt so hörte er ein Geräusch, als ob jemand mit den Nägeln unter dem Boden kratzte und mit den Fäusten darauf schläge. Er stellte sich gegen den Jungen als schlief er; bald aber rief ihm dieser zu: ob er denn nicht das Geräusch hörte? Er weist ihn anfangs mit der Bemerkung ab, daß es Katzen wären.*

Doch konnte diese Erklärung nicht lange aufrechterhalten werden.

> *Allein der Lärm vermehrte sich nach und nach, als wenn man mit Holzschuhen ginge. Jetzt wurde H. St. [= Herr Steinheil] wieder aufgerufen; und der Junge sagte er könne es nicht mehr aushalten. H. St. begehrte danach, man solle sie in ein anderes Zimmer legen. Man öfnete ihnen ein Zimmer im oberen Stockwerke. Kaum waren sie aber zu Bette gegangen, so fing die Scene von neuem bey ihnen an, und dauerte bis morgens um 2 Uhr; da sie endlich das bisher brennende Licht auslöschten und ruhig einschliefen. Diese Auftritte erneuerten sich nun alle Nacht und dauerten jedesmal während 7 Wochen, bald kürzer, bald länger. Sie beklagten sich hierüber bey Städel, der sie aber inständig bat, die Sache nicht ruchbar zu werden zu lassen und bey ihm zu bleiben, um das Haus nicht in üblen Ruf zu bringen. Er selbst schlief auch einmal in ihrem Zimmer um sich von der Wahrheit der Sache zu überzeugen, auch zeigte sich der Lärm nur nicht so heftig.*

Der Spuk machte sich nicht jede Nacht bemerkbar:

> *Diese Auftritte wurden während den 7 Wochen ihrer Dauer auf mannigfaltige Art modificiert. Oft fiel es hart auf die Erde, wie ein fallender Fruchtsack. Einst ergriff H. St. ein Schwerd, und wollte auch damit lärmen um den Poltergeist zu necken; aber kaum war er im Begriffe dieses zu thun, als jener einen so starken Lärm machte, daß die Bettstellen erzitterten. Er schlug auch auf die Betthimmel, als wie wenn man mit Stecken darauf*

> *schlüge. Es ist leicht zu begreifen, daß der junge Mensch, der sich anfangs sehr fürchtete und sich an den Leib des H. St. anklammerte, zuletzt, sowie H. St. sich an diesen Spuk gewöhnte. Einst tobte es sehr und schien sich an den untern Bettladstellen des H. St. gesetzt und gestemmt zu haben, indem jener stark zitterte, und man hörte ein deutliches Seufzen, wie eines Menschen, der mit dem Tode kämpft.*

Der Spuk endete so plötzlich, wie er begonnen hatte. Den Grund verriet ein Brief:

> *Der junge Mensch, der aus Zweibrücken war, bekam hierauf Briefe, daß seine Mutter eine langwierige Krankheit gehabt habe, die man ihm von Haus aus verschwiegen hatte. Ob diese Krankheit mit diesen Begebenheiten in einigem Zusammenhang gestanden, könne H. St. kaum glauben; obgleich seit dieser Zeit sich keine Erscheinung dieser Art ferner in dem besagten Zimmern zugetragen hatte. Nur dies geschah noch, daß der Junge mit dem H. St. zuhörte, als er in einem finstern Zimmer die Zitter spielte.*[23]

In den 1960er-Jahren waren Kanadier in der Zweibrücken Air Base stationiert. Währendseiner Betankung fing ein Jet im Hanger Tab-V Feuer, alle anwesenden Soldaten starben bei der Explosion.

Jahre später übernahmen die Amerikaner die Basis. Sie bemerkten bald, dass es im Hangar Tab-V immer kälter war als draußen, elektrische Geräte spielten darin und davor verrückt. Elektrische Dash-60-Geräte, mit denen man Jets während der Wartung Strom zuführt, gingen auf geheimnisvolle Weise an oder schalteten sich ab. Schließlich gab die US-Air Force entnervt auf und nutzte den Hangar ab 1988 nicht mehr. Die Basis ging 1991 zurück an Deutschland. Ob es nach wie vor spukt, ist nicht bekannt.[24]

Auch in Richtung Westen, nach Lothringen und in die Region Metz, scheinen Berichte, die als unerklärlich gelten, häufiger vorzukommen als an der Saar. Den Anfang aber machen erneut Geschichten, die herkömmlich deutbar sind – oder als solche gemeldet wurden.

Erfundene Geistergeschichten können tragisch enden, wie ein Beispiel aus dem heute französischen Zollingen bei Saarwerden zeigt, das gleichzeitig belegt, dass immer noch an die weiße Frau geglaubt wurde – und dass die Presse solche Berichte, vor allem während der Zeit des Kulturkampfes, stets kritisch kommentierte.

Ein 15-jähriges Mädchen war im Juni 1872 bei einem reichen Landwirt angestellt, wo sie auf ein sechs Monate altes Kind aufpassen sollte.

> *Am letzten Montag stürzte dieses Mädchen während des Mittagessens mit dem Ruf ins Zimmer: Es sitzt eine weiße Frau auf dem Hause des Nachbars! Die Familie eilt hinaus und beruhigt sich, als sie die Erscheinung nicht wahrnimmt. Nach Tisch geht Alles ins Feld und die Geisterseherin bleibt mit dem Kinde ihrer Herrschaft allein zu Hause. Wenige Augenblicke nachher eilt sie den Eltern nach und bringt ihnen die Schreckensnachricht, die weiße Frau sei wieder gekommen und habe das Kind durch die Luft entführt.*

Die Bauern alarmierten die Polizei, die das Haus und die Umgebung durchsuchte – und das tote Kind in der Abortgrube fand.

> *[D]ie Dirne [damals nicht abfällig, es bedeutete: das junge Mädchen] gibt jetzt an, sie habe auf dem Abtritt die weiße Frau wiedergesehen und in ihrer Angst das Kind fallen lassen; aus Furcht vor Strafe habe sie die Entführung erfunden. Symptome einer Geistesstörung sind nicht wahrnehmbar und es liegt Verdacht vor, daß die Thäterin sich mit ihrer Geistergeschichte interessant machen wollte und um sich Glauben zu verschaffen das Kind verschwinden ließ.*

Man könnte natürlich umgekehrt argumentieren: Das Kind war der Babysitterin entglitten, und so erfand sie die seltsame Ausrede. Die Quelle, eine Zeitung aus dem damals preußischen Rheinland, bringt die Lüge des Mädchens in Zusammenhang mit den damals in Lothringen häufig gemeldeten Marienerscheinungen und damit mit katholischem Aberglauben –Marpingen stand vor der Tür!

> *Wahrscheinlich haben wir hier eine Folge des gegenwärtig in Elsaß und Lothringen mit offenbarer Absichtlichkeit genährten Gespenster- und Erscheinungsglaubens, welcher die Bevölkerung in steter Aufregung halten und ihr die neuen Zustände verleiden soll.*[25]

Noch ein weiterer französischer Fall, bei dem die Zeugen aus der Nähe des Saarlandes kamen, hatte eine konventionelle, wenn auch höchst ungewöhnliche, Erklärung. Ein junges Ehepaar aus dem „Dorfe W. in Lothringen" erzählte der „Saarbrücker Zeitung" im September 1910 ein ganz besonderes Abenteuer. Das Pärchen fuhr mit der Bahn nach Lützelburg und von dort mit dem Auto weiter nach Dagsburg, danach wanderten sie nach dem Ballerstern und Heidenschloss bei Ottrott.

> *Unterwegs jedoch wurde das junge Ehepaar von einem Gewitter überrascht und war gezwungen, Schutz unter einem Felsen zu suchen. Die beiden wurden schon durch das wild rollende Wetter sehr überrascht, ihre Furcht steigerte sich aber noch, als der junge Mann einen Sarg an einem Baume senkrecht stehen sah, dessen Deckel sich bewegte. Auf einmal stößt die Gattin einen furchtbaren Schrei aus, da sie glaubt, ein Gespenst zu sehen. Aus dem Sarg schob sich nämlich von Zeit zu Zeit eine Hand. Dann fiel der Sarg plötzlich auseinander, ein Mann sprang aus ihm und eilte nach kurzem Umsehen auf unsere Touristen zu. Er erzählte, er müsse den Sarg in einen benachbarten Ort tragen und habe vor dem plötzlichen Unwetter darin Schutz gesucht.*[26]

Ein weiterer tragischer, vorgetäuschter „Spukfall" endete mit dem Tod eines Kindes. Die Geschichte ereignete sich 1912:

> *In dem lothringischen Orte Noveank fanden die Eltern de Beniot, die in der vergangenen Nacht spät von einer Kirchweih zurückkehrten und ihre drei Kinder zu Hause gelassen hatten, zwei von den Kindern verkohlt im Bette liegen. Das älteste von den drei Kindern rief den Eltern bei ihrem Eintritt in das Schlafzimmer, das vollständig in Rauch gehüllt war, entgegen: „Ein Gespenst". Das Bettchen der beiden jüngsten Kinder stand vollständig in Flammen. Nach Aussage des fünf Jahre zählenden Kindes hat ein Mann das Fenster der Dachlucke gewaltsam geöffnet. Er stieg in ein weißes Laken gehüllt ein und bellte wie ein Hund, um die Kinder zu erschrecken. Hierauf zündet er eine Lampe an und durchwühlte die Schränke. Wahrscheinlich hat er das brennende Streichholz auf das Bettchen der Kinder geworfen und damit den Brand verursacht.*[27]

Nun aber zu einer Geschichte, die ausnahmsweise nicht sofort erklärt wurde. Rund zwanzig Kilometer südwestlich von Saarlouis liegt Amnéville bei Metz. Dort solle sich am 19. August 2014 in der rue du Général-Kellerman ein erschreckendes und geisterhaftes Tohuwabohu ereignet haben.

„Zahllose zerbrochene Gegenstände auf dem Boden, aufgerissene Polstermöbel, ihre Füllung verstreut", zählte die Zeitung La Républicain Lorraine auf.[28] Fotos verdeutlichten diese unfassbare Verwüstung. „Auf den ersten Blick scheint es so, als habe ein Mini-Tornado alles in seinem Weg zerstört." Die Unordnung erstreckte sich bis zu einer Höhe von rund fünf Metern über dem Boden. Es sei ein „Schaden ohne Erklärung", wie die Polizei von Hagondange feststellen musste.

Es habe um 13 Uhr begonnen. Dominique Hachette, 60 Jahre alt, der Besitzer des Hauses, berichtete La Républicain Lorraine, seine Frau sei mit dem 12-jährigen Patenkind in der Waschküche gewesen, als plötzlich die Waschmaschine und der Trockner umstürzten und auf den Boden knallten. Dann polterten alle Marmeladengläser aus den Regalen. Es folgten einige Stunden Ruhe, danach begannen die Phänomene von neuem.

„Das war auf alle Teile des Hauses verteilt. Hatten wir ein Zimmer gesäubert, begann es in einem anderen Raum erneut. Zuerst war es im Flur. Es hörte sich wie Schüsse an. Dann ertönten aus einem Zimmer Schläge. Überall konnte man die Geräusche von auf den Boden fallenden Gegenständen hören. Kein Platz blieb verschont. Jedes Mal versuchten wir, die Sachen an ihre Stelle zurückzustellen, aber es war unmöglich! Ein altes Eisen, das im Flur hing, wurde in unseren Raum geschleudert. Es brach sogar durch die Doppelverglasung. Einige Objekte wurden buchstäblich von einem Raum zum anderen geworfen. Ein einziges Gemetzel. Ich weiß, das ist kaum zu glauben, und doch ... Wenn ich es nicht erlebt hätte, würde ich es auch nicht glauben!" Immer wirkte es so, als lese „etwas" die Sachen auf und werfe sie dann.

Schon früher, berichteten die Eheleute Hachette, hätten sie seltsame Geräusche und Stimmen gehört. Deshalb hätte im Sommer 2013 auch ein Priester das Haus gesegnet, was auch vorübergehend eine Besserung brachte. Bis zum 19. August 2014 ...

5 — Wenn das Übernatürliche auf das Irdische trifft – religiöse Phänomene

Er war protestantisch erzogen worden, aber in seinem Roman „Die Elixiere des Teufels" zeigt E. T. A. Hoffmann ein erstaunliches Verständnis für den Kult und die Bedeutung der Reliquien. In einem Kloster „befanden sich allerlei Knochen von Heiligen, Späne aus dem Kreuze des Erlösers und andere Heiligtümer, die in säubern Glasschränken aufbewahrt und an gewissen Tagen dem Volk zur Erbauung ausgestellt wurden". Auf die Frage des Erzählers, ob diese wohl alle echt und authentisch wären, oder ob nicht so mancher Betrug sich unter den alten Knochen verberge, antwortet der Bruder Cyrillus:

> *Es geziemt uns wohl eigentlich nicht, diese Dinge einer solchen Untersuchung zu unterziehen, allein, offenherzig gestanden, bin ich der Meinung, daß, der darüber sprechenden Dokumente unerachtet, wohl wenige dieser Dinge das sein dürften, wofür man sie ausgibt. Allein es scheint mir auch gar nicht darauf anzukommen. […] Ist es nicht herrlich, lieber Bruder Medardus, daß unsere Kirche darnach trachtet, jene geheimnisvollen Fäden zu erfassen, die das Sinnliche mit dem Übersinnlichen verknüpfen. […] Was ist jenes Stückchen Holz, jenes Knöchlein, jenes Läppchen – man sagt, aus*

Die Abtei Tholey.

dem Kreuz Christi sei es gehauen, dem Körper – dem Gewände eines Heiligen entnommen; aber den Gläubigen, der, ohne zu grübeln, sein ganzes Gemüt darauf richtet, erfüllt bald jene überirdische Begeisterung, die ihm das Reich der Seligkeit erschließt, das er hienieden nur geahnet; und so wird der geistige Einfluß des Heiligen, dessen auch nur angebliche Reliquie den Impuls gab, erweckt, und der Mensch vermag Stärke und Kraft im Glauben von dem höheren Geiste zu empfangen.[1]

Daher komme es, „daß diese Reliquien jene Mirakel bewirken, die, da sie so oft vor den Augen des versammelten Volks geschehen, wohl nicht geleugnet werden können."
Mit dieser Einstellung wollen wir die religiösen Wunder und Erscheinungen im Saarland betrachten.

Der Kult um Reliquien

Reliquien sind die Überreste von Heiligen. Der bedeutendste Reliquienschatz des Saarlandes befindet sich in der Abtei Tholey. Im Mittelalter wallfahrten die Gläubigen zur Verehrung des Abteipatrons St. Mauritius, des hl. Wendelin und des Ordensgründers St. Benedikt. Die französische Revolution setzte dem ein Ende.[2]
Berühmt ist der Reliquienraub von Tholey, als die Mönche die Gebeine des Bischofs von Verdun, des hl. Paulus (gest. 695), an sich nahmen. Der Lexikograf Zedler in seinem„Grossen vollständigen Universal Lexicon aller Wissenschaften" 1740 beschreibt ihn so:

Weil nun nach der Zeit selbige Kirche [St. Sarturnini-Kirche in Verdun] gantz einging, holten die Mönche zu Tholey seine Reliquien bey Nacht heimlich hinweg, konnten aber unterwegens in einem Walde damit nicht von der Stelle kommen, und wurden von denen von Verdun, denen es von Gott geoffenbahret worden, allda ertappt, da ihnen denn nichts als ein Theil des Kopffs gelassen, und an selbiger Stelle ein Creutz aufgerichtet wurde, darbey nachgehend viel Wunderwercke geschahen, dergleichen auch bei den Reliquien in St. Sarturnini Kirche erfolgten.[3]

Die Reliquien dienten bei Seuchen als Heilmittel. „Diese Reliquien wurden kostbar eingefasst und in prächtige Schreine gethan, bei allen Processionen mit herumgetragen, in abergläubischer Weise verehrt", merkt Eugen Hugo Theodor Huhn 1877 dem Zeitgeist entsprechend kirchenkritisch an. Und „wenn eine Epidemie ausbrach, so holte man nicht etwa Aerzte herbei, sondern stellte die Reliquien öffentlich aus, die dann von den Kranken berührt und geküsst wurden und so ganz natürlich den Giftstoff der Krankheit nur um so leichter weiter verbreiteten."[4]

Auch der hl. Lutwinus wirkte noch nach seinem Tode Wunder. Der fränkische Adlige, geboren um 650, gründete das Kloster Mettlach 675, trat 696 nach Tod seiner Gattin als Mönch ein und wurde bald Abt. 705 wurde er zum Bischof von Trier ernannt, 717 erhielt er zusätzlich das Bistum Reims. Dort starb er 717.

Als Milo, sein Sohn, den Vater in Trier beisetzen wollte, ließ sich das Schiff mit dem Sarg des Heiligen am Ufer nicht vertäuen. Man ließ es treiben, und wie von eigener Hand fuhr es, gegen die Strömung, die Mosel und die Saar bergwärts bis nach Mettlach, wo alle Glocken von selbst zu läuten begannen. So liegen die Gebeine des Heiligen heute in der Mettlacher Lutwinuskirche.[5]

Eine der größten Sammlungen von Reliquien liegt im Saarland übrigens nicht in einer Kirche oder einem Kloster, sondern befindet sich in Privatbesitz. In Primsweiler bewahrt Normann Turner 400 Reliquien in der Familienkapelle auf, darunter ein Stück der Dornenkrone Christi in einer Silberkapsel mit bischöflichem Siegel sowie Überreste des heiligen Rochus, der bei Seuchen angerufen wird. Seit 400 Jahren sammelt seine Familie die heiligen Überreste.[6]

Marienerscheinungen

> *Da ich Gesichte betrachtete in der Nacht, wenn der Schlaf auf die Leute fällt, da kam mich Furcht und Zittern an, und alle meine Gebeine erschraken. Und da der Geist an mir vorüberging standen mir die Haare zu Berge an meinem Leibe. Da stand ein Bild vor meinen Augen, und ich kannte seine Gestalt nicht; es war still, und ich hörte eine Stimme.*
>
> Hiob 4,13–16

Wenn das Übernatürliche in den Alltag einbricht, geht das oft nur unter Schmerzen ab, und der Seher ist dem geballten Unglauben der Umwelt ausgesetzt. Als der Erzengel Gabriel zu Mohammed sprach, da zitterte dieser am ganzen Leib und musste sich in einen Mantel hüllen, und seine Mitbürger verspotteten ihn. Auch der Prophet Hiob beschreibt dieses Erschaudern sehr anschaulich, und man wird dem Spott und Unglauben in der Geschichte der Marienerscheinungen im Saarland mehr als einmal begegnen.

Viele Erscheinungen sind sagenhaft und legendär oder fanden in der Presse keine Beachtung. In einer Mainacht soll etwa eine Bäuerin aus Püttlingen ein helles Licht gesehen haben, so hell, dass sie die Augen hinter den Händen verbergen musste. Es war die Muttergottes, und dort, wo sie erschienen war, wurde später die Liebfrauenkirche erbaut.[7]

An dem heute verschwundenen Muttergottesbild am Hohbergrand soll es Ende des 19. Jahrhunderts nicht nur eine rege Wallfahrt gegeben haben, dort sei auch Maria oft erschienen. Georg Karrenbauer „kannte eine alte Frau, die die Mutter des Herrn sogar mehrmals gesehen hatte".[8]

Historisch bezeugt sind viele Erscheinungen, am besten die von Marpingen 1876. Aber auch vor und nach den Ereignissen in Marpingen befand sich die Region in einer Art Erscheinungsfieber – sicherlich ein passiver katholische Widerstand gegen Bismarcks Kulturkampf. War auch die Religionsausübung eingeschränkt, konnte man doch große Menschenmassen an Erscheinungsorten versammeln und sich selbst versichern, dass man in seinem Glauben nicht alleine war. Gerade weil der preußische Staat in dieser Volksfrömmigkeit zivilen Ungehorsam erkannte, sind die Presseberichte darüber extrem eingefärbt.

Das erste der vielen Gastspiele der Muttergottes im Jahrzehnt 1870 bis 1880 in der Saarregion ist die Erscheinung 1872 in Medelsheim, einem Ortsteil der Gemeinde Gersheim im Saarpfalz-Kreis.[9] Dann folgten Saargemünd und St. Avold in Lothringen. Am 10. März 1873 schaute Catharina Filljung die Gottesmutter im blauem Gewande mit weißem Schleier zuerst in der Kirche von Saargemünd, dann noch viele weitere Male in ihrer Heimatpfarrei Biding (damals Büdingen) bei St. Avold.[10]

Im Juni 1873 lebten die Erscheinungen in Medelsheim wieder auf. „Verschiedene Kinder, man bezeichnet deren drei, haben immer noch Erscheinungen", meldete die „Pfälzer Post".

> *Sie bekommen eine Art epileptischer Anfälle und schauen und reden in diesem Zustande gleich Somnambulen [Schlafwandlern]. Sie sehen die hl. Jungfrau, durchleben die Kreuzigung, verkünden den Umstehenden – die Sache beschränkt sich nämlich jetzt auf das Haus – allerlei merkwürdige und nicht merkwürdige Dinge. Von den Einen wird es bejaht, von den Andern verneint, daß dabei Sammlungen veranstaltet würden; es soll deßwegen Untersuchung eingeleitet worden sein. Ob diese Zufälle bei den Kindern auf Abrichtung beruhen, oder ob sie die Folge einer Ueberreizung des ganzen Nervensystems sind, das konnte bis jetzt nicht ermittelt werben und wäre auch nur durch eine genaue ärztliche Beobachtung der betreffenden Kinder außerhalb des elterlichen Hauses festzustellen. Sei dem aber, wie es wolle, diese abnormen Zufälle bei den Kindern sind jedenfalls Nachwirkun-*

gen jenes großartigen Schwindels, der in Frankreich seine Geburtsstätte hatte und seinen Lauf durch die Reichslande Elsaß und Lothringen auch zu uns herübernahm, die Gemüther bewegte und aufregte, den religiösen Fanatismus wachrief und keinesfalls der Gesundheit und normalen körperlichen Entwicklung jener armen Kinder, die das Opfer dieses Schwindels geworden sind, zuträglich oder gar förderlich ist. Sollte aber die Sache auf Abrichtung beruhen, was kein Ding der Unmöglichkeit ist, wie unverantwortlich ist es doch von Eltern, ihre Kinder dazu zu mißbrauchen und sie systematisch moralisch und physisch zu Grunde zu richten! Was die Anfälle der Kinder betrifft, so wird uns das von einem glaubwürdigen Augenzeugen in bestimmtester Weise bestätigt.[11]

Nur wenige Tage später kamen Berichte aus Ensheim:

In Ensheim wurde dieser Tage ein Elsaß-Lothringer in Haft genommen, welcher in seiner Heimath die Muttergottes xmal gesehen haben will und der nun auf die Einladung eines Ueberfrommen herübergekommen war, um auch hier sich vor der abergläubischen Menge als Muttergottesseher zu produziren; zugleich soll er mit Splittern von einem Baum, auf dem die Madonna sich ihm gezeigt haben soll, einen recht ergiebigen Handel getrieben haben. Das Schauspiel des Madonnenspuks soll sich auf dem Ensheimer Friedhofe über zwanzigmal abgespielt und die Erregung der gläubigen Gemüther allmählich so beunruhigende Dimensionen angenommen haben, daß sowohl der Hr. katholische Pfarrer von Ensheim als der Hr. Dekan Duy von St. Ingbert einzuschreiten sich veranlaßt fühlten. Wie wir hören, hat aber das entgegenwirkende Auftreten der beiden geistlichen Herren Nichts gefruchtet; endlich schritt, wie gesagt, die Polizei ein und machte dem Schwindel ein Ende.[12]

1891 taucht Katharina Filljung, die Seherin aus Saargemünd und Biding, wieder in den Nachrichtenspalten auf. Am 8. Juli 1891 wurde gerichtlich „die Freilassung der seit 15 Monaten in Untersuchungshaft befindlichen Waisenhaus-Vorsteherin Katharina Filljung von Büdingen, deren Verhaftung s. Z. so großes Aufsehen erregte", verfügt. „Die Entlassung der Inhaftirten aus der hiesigen Bezirks-Irrenanstalt, wohin sie zur Beobachtung verbracht war, geht damit natürlich Hand in Hand."[13]

Man hatte die Seherin also ins Irrenhaus gesteckt, wohl, weil sie mit ihren Visionen keine Ruhe gab. Aber eine Rehabilitierung stellte das bei weitem nicht dar. Zwei Jahre später ließ das Gericht ihr Waisenhaus schließen, sie selbst wurde krimineller Umtriebe bezichtigt- und wieder ins Irrenhaus gesperrt:

> *Am 1. April wird laut Verfügung des Bezirkspräsidenten eine Anstalt geschlossen werden, deren Begründerin seiner Zeit viel von sich reden gemacht hat. Es ist das Waisenhaus zu Büdingen bei St. Avold. Dieses in monumentalem Style errichtete Waisenhaus wurde von dem Bauermädchen Katharina Filljung, der „lothringischen Wanderjungfrau", erbaut und die Gelder dazu sind von wundergläubigen Personen, welche die Filljung namentlich in Frankreich und Baiern zu finden wußte, aufgebracht worden. Mit Hilfe einer rothen Flüssigkeit, welche sich die findige Person aus einer Apotheke zu beschaffen wußte, brachte sie es sogar fertig, an den Kharfreitagen Blut zu schwitzen. Jetzt sitzt sie in der Bezirks-Irrenanstalt in Saargemünd.*[14]

In diesen kargen Zeitungsnotizen steckt der Stoff für einen großen historischen Roman!

Ob eine Vision ihn dazu brachte oder nur die eigene Frömmigkeit, jedenfalls errichtete ein Junggeselle1896 in Lisdorf bei Saarlouis eine Kapelle auf dem Berge am Rosenthal „und trägt selbst alles Material, Steine u.s.w. den steilen Berg hinauf". Mehr als einmal war der Anlass zu solch einer Kapelle eine Vision, aber die Zeitungsmeldung schweigt sich dazu aus.[15]

Anfang 1921 erschien ein Mann in der Schuhmetropole Pirmasens und rief sich zum „Heiland von Pirmasens" aus. „Die langen Jahre des letzten großen Krieges machten [...] mit der Religion auch deren Ersatzreserve mobil, Spiritismus und Aberglauben", kommentiert der Volkskundler Albert Becker und weist darauf hin, dass zeitgleich im Saarland der Klopfgeist von Ommersheim im Bliestal auftrat.[16]

Engelerscheinungen

Engel erscheinen Protestanten und Lutheranern so, wie Katholiken die heilige Jungfrau leuchtet.

Das geschah dem Schweitzer Friedrich Locher, der sich 1848 in Saarlouis niederließ und als Lutheraner angefeindet wurde. Ihm zur Seite stand der Saarwellinger Dorfschmied Johann Ziegler. Dessen Tochter erzählte später von einem Wunder: Locher war eines Abends

Der Kulturkampf

Unter diesem Begriff versteht man die Auseinandersetzung zwischen Preußen (und dem Deutschen Reich unter Preußens Führung) und der Katholischen Kirche ab 1871. Bismarck, der das protestantische Kaisertum als eine Art rationale Staatsreligion in ganz Deutschland durchsetzen wollte, reagierte auf das Dogma der Päpstlichen Unfehlbarkeit (am 18. Juli 1870 verkündet) mit Repressalien gegen den Katholizismus – am 10. Dezember 1871 verbot der „Kanzelparagraph" Priestern politische Äußerungen, am 4. Juli 1872 wurde der Jesuitenorden in Deutschland aufgelöst, dann folgten Schlag auf Schlag unzählige weitere Verbote – am 31. Mai 1875 wurden in Preußen gar alle Orden (bis auf jene, die zum Weiterbetrieb der Krankenhäuser gebraucht wurden) aufgehoben.

Die Reaktion des katholischen Fußvolkes erfolgte nicht etwa revolutionär, sondern listig und hinterrücks – in den Jahren 1871 bis 1880 wurden in Deutschland wohl mehr Marienerscheinungen und Wunderheilungen gemeldet als in der Zeit von 1880 bis heute. In den Erscheinungsorten versammelten sich Zehntausende spontan im Wald, und oft musste die Polizei diesem Aufbegehren hilflos zusehen und konnte nicht einschreiten.

Dadurch erklärt sich der energische Kampf gegen das „Erscheinungsunwesen", den die staatstreue Presse in jenem Jahrzehnt führte – nicht nur gegen Reliquienkult, Wunderheilungen und Visionen, sondern auch gegen Meldungen von Spuk und Geistererscheinungen.

unterwegs von Saarwellingen nach Hause zum Sandhof bei Saarlouis, als sich wüste Burschen in den Weg stellten, die ihm als freikirchlichen Lutheraner eine Lektion erteilen wollten. Sie füllten Lochers Manteltaschen mit Steinen und schleuderten den alten Mann zu Boden, wo er hilflos liegenblieb. „Da kam ein Mann, befreite ihn von den Steinen und half ihm auf. [...] Wer der Mann war, hat niemand erfahren. Gott sandte seinen Engel."[17]

Kreuze und Bilder in Fensterscheiben

Ein seltsames und schwer zu erklärendes Phänomen, das weite Kreise zog, ereignete sich ab dem 12. März 1873 zunächst in Baden-Baden, dann in der nahe gelegenen preußischen Festungsstadt Rastatt. In den Fensterscheiben der Häuser erschienen Kreuze und Heiligen-

figuren. Das Militär zwang die Anwohner, die Scheiben mit Wasser zu reinigen und dann, als das nichts half, mit Säure zu waschen – die Kreuze blieben. Das Phänomen erregte im Ausland große Aufmerksamkeit, in Deutschland hatten Zeitungsmeldungen zu unterbleiben – oder, wenn es sich nicht umgehen ließ, spöttisch zu berichten. Als immer mehr Kreuze und in Rastatt sogar Totenschädel auftauchten, reagierten die Militärs immer nervöser.
Dann sprang das Kreuzesehen auf das Elsass über, danach auf Lothringen. In Boulay-Moselle, halbwegs zwischen Metz und Saarlouis und damals von Deutschland besetzt, erschienen ebenfalls Kreuze und religiöse Symbole auf Fensterscheiben. Das Wunder nahm epidemische Ausmaße an: Totenköpfe, Adler und Regenbogen wurden gemeldet. Und Preußen handelte wie in Baden: „Man schickte eine Patrouille preußischer Soldaten zu einem Haus, um die Fensterscheibe einzuschlagen, auf der eine Gruppe französischer Infanteristen mit ihren Fahnen zu sehen war. Es wird berichtet, die Bilder seien nachts nicht zu sehen gewesen, die Soldaten zertrümmerten dennoch eine ganze Reihe Fensterscheiben. Am nächsten Morgen sah es aus, als habe dort eine Schlacht getobt. Und inmitten des Chaos ließen die französischen Infanteristen weiterhin ihre Fahnen wehen."[18]

Wallfahrten

Sankt Wendelinus ist sicher der wichtigste Heilige des Saarlandes. Er soll als Mann aus königlichem Hause im 6. Jahrhundert im Bistum Trier missioniert haben und dabei auf die Stelle gestoßen sein, an der die Blies in die Saar mündet. Dort arbeitete er für einen Adligen als Schafhirte, ohne diesem seine eigene Abkunft zu enthüllen.
Die Bescheidenheit Wendelinus' rührte seinen Herren an, er erkannte immer mehr, „daß sein Viehhüter ein Heiliger und zu höheren Dingen berufen sei. Er bot ihm ein höheres Amt mit reichem Einkommen an. Wendelinus aber erbat sich nur die Erlaubniß, in der Nähe des Benediktinerklosters Tholey sich eine Zelle bauen zu dürfen."
In seiner Einsiedlerzelle meditierte Wendelinus, sein Ruf verbreitete sich immer weiter. „Gott verlieh ihm die Wundergabe, und viele Kranke und Bedrängte suchten und fanden durch sein Gebet Heilung und Hülfe in ihren Nöthen. Besonders bei Krankheiten des Viehes wirkte sein Gebet oft Wunder." Die Mönche des nahen Klosters wählten ihn zu ihrem Abt, er führte das Kloster mit derselben Liebe und Askese, mit der er als Hirte tätig gewesen war. In seinen letzten Jahren schlug ihn eine schwere Krankheit nieder, erst auf dem Sterbebett enthüllte er im Jahre 1015 seinen Mitbrüdern das Geheimnis, dass er ein Königssohn gewesen war. (Nach manchen Quellen erschienen zu seinem Tode Engel und lüfteten das Geheimnis.) „Demuthsvoll bis zum Ende, hat der hl. Wendelinus seinen Mönchen

befohlen, ihn nicht neben den vorangegangenen Aebten beizusetzen, und er fand durch besondere Fügung Gottes seine Ruhestätte dort, wo er seine erste Zelle erbaut hatte."[19] Diese „besondere Fügung" war ein Wunder, bei dem übernatürliche Kräfte den Ort der Bestattung bestimmten:

> *Nach seinem Tod bauten ihm die Mönche ein prachtvolles steinernes Grabmal. Am Morgen nach der Grablegung jedoch war das Grab geöffnet und der Leichnam lag daneben. Als sich dies wiederholte, luden die Mönche den Leichnam auf einen Ochsenkarren bespannt mit zwei Ochsen, die bis dahin noch nie einen Karren gezogen hatten. Man ließ die Ochsen ihren Weg und sie zogen den Karren in die Gegend des heutigen St. Wendels, dort wo früher die Einsiedelei des Heiligen gestanden hatte.*[20]

Auch dort begann er Wunder zu wirken:

> *Die Wunder, welche sein Grab verherrlichten, zogen bald eine Menge Wallfahrer herbei.– Als im Jahre 1320 ein großes Sterben unter Menschen und Vieh ausbrach, wandten sich die Bewohner der Umgegend an den hl. Wendelinus, und die Pest hörte auf.*

Kurfürst Balduin von Trier ließ an dem Ort seines Grabes eine Kirche bauen, um die dann die Stadt St. Wendel entstand.

> *Dorthin finden noch jetzt in jedem Jahre große Wallfahrten statt. In diesem Jahre [1896] sind zur Feier der 500-jährigen Erhebung der Reliquien des Heiligen diese Reliquien in der Pfarrkirche zu St. Wendel vom 15. bis zum 29. Oktober feierlich zur Verehrung ausgesetzt; zahlreiche Wallfahrer von Fern und Nah pilgern dorthin, und täglich findet dort Morgens Hochamt mit Predigt und Abends Predigt statt.*[21]

Alle zehn Jahre wird in St. Wendel das „Wendelsjahr" begangen. Das Skelett des Heiligen ist in einem gläsernen Sarg vollständig bewahrt, und in diesen Wendelsjahren wird die Tumba, die wertvolle Truhe, die diesen Glassarg enthält, geöffnet. Eine Woche lang können die Pilger die leiblichen Überreste des Heiligen besuchen. Das letzte Wendelsjahr war 2010, aber anlässlich des 1400. Todestags des Heiligen gab es vom 15. bis zum 31. Oktober 2017 eine zusätzliche Wallfahrt.[22]

Das Reliquiar des Heiligen Wendelinus – Tumba und Glassarg.

Auch zum ältesten Gnadenbild Deutschlands finden Wallfahrten statt. Die Maria mit den Pfeilen befindet sich im Wallfahrtskloster der Franziskaner in Blieskastel. 1933 veranstaltete das Kloster aus Anlass des siebenhundertjährigen Bestehens „Anfang Juli eine große Wallfahrtswoche, die von zahlreichen hohen kirchlichen Würdenträgern besucht" wurde.[23] Danach, bis die nationalsozialistische Gewaltherrschaft vorbei war, bekämpfte der Staat die Kirchen.

> In Niederwürzbach steht (heute muss man sagen: stand) ein vielbesuchtes Marienheiligtum, „Maria Waldrast", das in Form einer Lourdesgrotte von katholischen Jungmännern errichtet war. Im Schutze der Nacht haben nun feige Täter das Heiligtum geschändet und zerstört. Mit welch blindwütigem Hass das geschah, geht aus folgender Schilderung der „Westpfälzischen Zeitung" hervor: „Nachdem die Täter das schmiedeeiserne Kreuz am Gitter der Grotte entfernt hatten, schafften sie die Statuen der Mutter Gottes und der Bernadette weg, schlugen sie mitten entzwei und warfen sie in den Weiher. Die mehrere Zentner schwere Figur des hl. Antonius wurde ebenfalls in den Weiher geworfen, nachdem ihr der Kopf abgehauen worden war. An sämtlichen Kreuzwegstationen wurde das Kreuz abgeschlagen, ebenso an den Opferstöcken. Den Tätern gelang nicht, das zehn Meter hohe hölzerne Hauptkreuz umzulegen." Zahllos sind die Fälle von Schändungen, die aus andern Orten des ehemaligen Saargebiets berichtet werden. Noch ein Beispiel: in Oberbexbach wurde das Kruzifix aus dem Saal des katholischen Vereinshauses entfernt, zertrümmert und auf die Schuttabladestelle des Ortes geworfen.[24]

Leider hat Maria nicht, wie in vielen Legenden geschildert, eingegriffen und die Kirchenschänder verjagt. Das bleibt in heutigen Zeiten dem mutigen Engagement all derer überlassen, die sich gegen Gewalt, Rassismus und Diktatur stellen.

Die selige Blandine

Das Saarland kann zusätzlich mit einer authentischen Seligen aufwarten: der Schwester Blandine. 1883 als Maria Magdalena Merten in Düppenweiler geboren, wurde sie in einer tief religiösen Familie erzogen. Ihre Mutter und ihre Tante waren 1844 bei einer Ausstellung des Heiligen Rockes in Trier spontan geheilt worden – ein Wunder, das eine bischöfliche Kommission untersuchte und das die die kleine Maria Magdalena sicherlich schon als Kind erstaunte.

Die selige Blandine vor der Himmelsleiter. Kunstwerk von Margret Lafontaine, aufgestellt in Düppenweiler.

Sie arbeitet ab 1897 als Assistenzlehrerin in der Volksschule, besuchte von 1899 bis 1902 das Lehrerinnenseminar in Vallendar und war danach an Schulen in Oberthal und in Großrosseln tätig.
Ihre wahre Berufung aber war der Dienst als Ordensfrau. Sie trat 1908 in die Kongregation der Ursulinen vom Kalvarienberg in Ahrweiler ein. Dort erhielt sie den Schwesternnamen

Blandina nach der Märtyrerin Blandina von Lyon († um 177), wurde aber Blandine gerufen. Auch als Nonne blieb sie Erzieherin, zunächst in Ahrweiler, dann in St. Johann und schließlich an der Schule der Ursulinen in Trier. Dort erkrankte sie im September 1916 schwer an Tuberkulose und musste gepflegt werden. Sie starb am 18. Mai 1918 im Kloster St. Bantus in Trier.

„Vor allem in den Monaten ihrer Krankheit muss Blandine ihre Umgebung mit ihrer Geduld, ihrem Glauben und ihrer Freundlichkeit tief beeindruckt haben. Schon bald nach ihrem Tod stand sie im Ruf der Heiligkeit."[25]

1987 sprach sie der polnische Papst Johannes Paul II. selig. Für eine Seligsprechung braucht es, anders als für eine Heiligsprechung, keine Wunder, doch die Missionsschwester Irimberta Puntigam, die an Krebs erkrankt war, sich an Blandine wandte und um Hilfe bat, wurde 1985 geheilt und ist überzeugt, dass sie ihre Genesung der Ordensfrau aus Düppenweiler verdankt. Eine kirchliche Kommission hat die Wunderheilung untersucht und 1986 als echt anerkannt.[26]

Seit 2010 erinnert eine Plastik, die fast fünf Meter hohe „Himmelsleiter"vor der Pfarrkirche St. Leodegar in Düppenweiler an die Seelige – ein schönes Symbol für die Durchdringung irdischer Leiden und himmlischer Hoffnungen.

Nonkonformistische Religionen

Das Saarland gehörte stets zu den ersten Regionen, in denen neue und neuartige religiöse Gruppierungen Niederlassungen errichteten – etwa mehrere Splittergruppen der Neuapostolischen Kirche oder der Adventisten.[27]

Mittlerweile ist die Auswahl an religiösen Praktiken nur noch größer geworden – zu buddhistischen und hinduistischen Glaubensrichtungen kommen das Neuheidentum, militanter Atheismus oder Voodoo.

Im Sommer 2017 ermittelte die Polizei in Trier-Saarburg wegen mehrerer Verstöße gegen das Tierschutzgesetz, nachdem Spaziergänger in einem Wald bei Wellen und auf dem Friedhof von Nittel „rituell geschlachtete" Hühner gefunden und ihre Entdeckung der Polizei gemeldet hatten. Die Beamten konnten das Rätsel lösen: Sie machten einen 41-Jährigen und eine 57 Jahre alte Frau dingfest, die Voodoo-Rituale praktizierten, und fanden entsprechende Ritualgegenstände in der Wohnung.[28]

Die Skeptiker

Es ist immer leicht sich über Glaubensvorstellungen zu mokieren, die man nicht teilt oder versteht – für Außenstehende ist fast jede Religion lächerlich. Das Gefühl der Überlegenheit nährt all jene, die als radikale Atheisten und Bespötter des Wunderglaubens unterwegs sind. Das Phänomen ist nicht neu und war spätestens seit der Französischen Revolution gesellschaftsfähig (vorher konnte der Atheismus zuweilen zum Tode führen, also schwiegen jene, die so dachten, besser).

In Trier kam es im September 1892 zu einem Prozess um ein Buch, „Die Rockfahrt nach Trier unter der Aera Korum". Darin beschreibt ein „Augenzeuge" die letzte Ausstellung des Heiligen Rocks zu Trier unter Bischof Korum, „strotzend nicht nur von gehässigen Bemerkungen über die Ausstellung selbst, sondern auch von schweren Ehrenkränkungen des Bischofs, der sie veranstaltet hat". Der Zeuge war ein Herr Reichard, ein junger evangelischer Student der Theologie. Die Anklage lautete auf „Beschimpfung des katholischen Gebrauches", man wollte das Buch verbieten lassen.

Reichard fuhr alle Register der evangelischen Theologie gegen den katholischen Wunderglauben auf und argumentierte rational, ganz anders als E. T. A. Hoffmann zu Beginn des Kapitels. Die Wunderheilungen wollte er nicht anerkennen: „Die angeblichen Heilungen von 1844, deren der Stadtphysicus Hausen zu Trier achtzehn angeführt hat, sind durch Dr. Zimmermann in Ottweiler widerlegt worden, sodaß also auch da keine Heilungen stattgefunden haben; es ist überhaupt nicht erwiesen, ob durch diesen Rock ein Wunder oder eine Heilung bewirkt worden sei. Das zu glauben, ist ein krasser Aberglaube." Denn: „[S]elbst wenn der Rock echt sei, d. h. wenn er wirklich der Rock, den Christus getragen, so sei er nicht der Rock, durch dessen Berührung nach dem Evangelium das blutflüssige Weib gesund geworden sei, weil der Rock in Trier doch immer nur das Unterkleid sei, während das Weib das Oberkleid berührt habe."[29]

Die Beschlagnahme des Buchs wurde aufgehoben und Reichard freigesprochen. Die Menschen, die 1844 das innere Gefühl hatten, der Rock habe sie geheilt (wie etwa die Mutter der seligen Blandine), sind dadurch wohl nicht wieder krank geworden – und ganz sicher nicht skeptischer!

6 — Aberglaube und kuriose Traditionen

Aberglaube ist ein dummes Wort, denn es wertet ab, bevor es bewertet hat. Andererseits ist jedem klar, um was es geht – scheinbar oder ganz sicher irrationale Vorstellungen, vom Hexenglauben bis zur Nutzung von Talismanen. Doch sind im Laufe der Zeit die Grenzen dessen, was Aberglaube ist und was Wissenschaft, immer durchlässig gewesen.
„Die Wissenschaft von heute – der Aberglaube von morgen. Die Wissenschaft von morgen – der Aberglaube von heute", lästerte der amerikanische Denker Charles Fort 1919 in seinem „Buch der Verdammten". Er wäre aber der erste gewesen, zuzugeben, dass es sich dabei nicht um ein Naturgesetz handelte. Manches stimmt heute nicht und wird morgen nicht wahrer.
Werfen wir ein paar Schlaglichter auf ungewöhnliche Vorstellungen und Gebräuche der Saar. Zur umfassenden Untersuchung des Aberglaubens an der Saar greife man auf volkskundliche Werke zurück, etwa Gunter Altenkirchs Werk „Volks- und Aberglauben: Gegenständliche Belege aus dem Saarland und angrenzenden Gebieten".

Hexen

Kaum ein Thema ist so vorurteilsbeladen wie der Problemkreis der Hexenverfolgung. Vom finsteren Mittelalter ist da oft die Rede, von den Klerikern, die die weisen Frauen, die sich auf Empfängnisverhütung verstanden, ausrotten wollten, von Millionen Todesopfern in Europa. All das ist längst als falsch erwiesen. Weder waren die Folterungen der Hexen grausamer als die von Taschendieben (beide wurden grausam gemartert), noch waren es nur alte oder heilkundige Frauen, die zum Opfer wurde. Es konnte praktisch jeden und jede treffen, der oder die vor Ort keine Lobby hatte. Denn die Hexenverfolgungen waren mehrheitlich Verbrechen von unten: Es rumorte im Dorf, die Gerichtsbarkeit musste auf diese Unruhen reagieren. Ereignet hat sich das ganze nicht im Mittelalter, in dem der Glaube an Hexen noch eine Sünde war, die man beichten musste, sondern in der Renaissance und im Barock, in der frühen Neuzeit also. Man nimmt mittlerweile 100 000 Prozesse in über 300 Jahren und in ganz Europa an und etwa 60 000 Hinrichtungen. Die niedrigere Zahl macht niemanden wieder lebendig, der damals zu Unrecht hingerichtet wurde – aber sie zeigt, wie falsch die allgemeinen Vorstellungen sind.
Zu den Fakten aus der Region der Saar. Dort und im Hochwald gab es zwischen 1523 und 1630 172 Hexenprozesse, die sich urkundlich nachweisen lassen. Dabei waren im Kurfürstentum Trier die Hexenverfolgungen besonders intensiv. Die Archäologin Dr. Simone Martini aus Greimerath, Mitglied im Arbeitskreis Hexenforschung an der Universität Trier,

Hexe auf einem Holzstich der Renaissance.

bestätigt zwei große Wellen der Verfolgung im Raum Hochwald, zwischen 1580 und 1600 und 1625 bis 1630. Über 200 Frauen und Männer wurden hingerichtet, etwa zwei Drittel Frauen und ein Drittel Männer.

Beispielsweise 1599 in Mandern-Niederkell. Dort wurden 17 Beschuldigte, Frauen wie Männer, verurteilt, und im Nachbardorf Schillingen 16 Personen, in Greimerath sechs. Martini: „Die Menschen suchten Schuldige und fanden sie in Zeitgenossen, die vermeintlich mit dem Teufel im Bunde stehen." Damals herrschte die sogenannte kleine Eiszeit, mit schlechtem Wetter, Missernten und Seuchen. Im Volke glaubte man an den Schadenszauber der Hexen, und wenn zu viel passierte im Dorf, dann mussten die gelehrten Herren aus den großen Städten für Ordnung sorgen. Grundlage der Gerichtsbarkeit, besonders der weltlichen, war die Folter. Nach den Rechtsbräuchen jener Zeit konnte ein Verbrecher nur überführt werden, wenn er geständig war, und ein Geständnis hatte immer das Resultat von Folter zu sein. Zur Hexe wurde, wen ein Gerücht und eine Anzeige dazu machte. Missgunst war oft Ursache einer Beschuldigung, und je marginalisierter eine Beschuldigte war, desto leichter fand das Gerücht Glauben. Dazu kam, dass sich die am Prozess Beteiligten am Besitz der Verurteilten bereichern konnten – eine unheilvolle Melange aus Dorfklatsch, Justiz und Eigensucht.[1]

Mit der Aufklärung ab dem 18. Jahrhundert erlosch der Hexenglaube aber noch lange nicht – im Saarland nicht und in vielen anderen ländlichen Gegenden Deutschlands ebenfalls nicht.

Im August 1874 kam es in Zweibrücken zu einem Prozess, bei dem sich eine junge Frau, Margarete Klein, gegen die Anschuldigung der Frau Frenzel aus Trulben wehrte, die meinte, das Mädchen sei eine Hexe und habe ihr Kind verhext.

> *Das kranke Kind der Frenzel mußte, so schloß diese, von bösen Leuten verhext sein, und um der Hexe auf die Spur zu kommen, fuhr sie zu einem „Hexenmeister" nach Ixheim bei Zweibrücken, welcher herausbrachte, die Margarete Klein, ein unbescholtenes Mädchen von 22 Jahren, sei die Hexe. Er hatte dieses durch „Approbieren" erfahren, indem er einen Schlüssel in die Bibel legte, den die Frenzel berühren mußte. Sie hatte nun die Namen sämtlicher Bewohner von Trulben zu nennen und als sie den Namen der Margarete Klein nannte, drehte sich der Schlüssel. Gretel war demnach die Hexe. Auch daß sie das Hexen von ihrer Großmutter erlernt habe, offenbarte der Schlüssel. Nach Trulben heimgekehrt, wusch die Frenzel ihr krankes Kind; da hörte sie draußen klägliches Geschrei, wie von einer Katze. Das konnte nur die Hexe Klein sein, denn der Hexenmeister hatte der Frenzel gesagt, daß die Klein sich nach Belieben in einen Hund oder eine Katze verwandeln könne. Nun wurde in Trulben die Margarete Klein allgemein als Hexe verschrieen und gemieden; sie klagte, und die Frenzel wurde zu fünf Tagen Haft und in die Kosten verurteilt.*[2]

Noch zehn Jahre später wurde im Juni 1885 vor dem Schöffengericht Ottweiler eine ähnliche Anschuldigung verhandelt.

> *Die Frau eines Schreinermeisters, welche im höchsten Grad nervenleidend ist, wird von einem jungen Schuhmacher, welcher selbst epileptisch ist, und von dessen Mutter besucht und dahin belehrt, sie sei von bösen Menschen behext. Er aber, der Schuhmacher, vermöge die bösen Geister zu bannen und die Frau von ihren Leiden zu befreien. Dazu seien nötig: 3 ineinander passende verschließbare Kistchen und in deren letztem eine Flasche, in welche die bösen Menschen resp. Geister hineingebannt werden sollten; weiter mußte ein Buch beschafft werden, welches die wirksamen Beschwörungsformeln enthalte. Die Kistchen fertigte der Sohn der erkrankten Schreinersfrau, weil seine Mutter absolut darauf bestand, an, und für Beschaffung des Buches wurde dem Schuster der Betrag von 5 M übergeben. Mit diesen Gegenständen ausgerüstet, begab sich dann der Hexenbanner*

zur Zeit der Mitternacht an einen Kreuzweg und ließ seinen Hokuspokus los. Sein Beschwören hatte aber wenig Erfolg, denn der eine Geist war nach der eigenen Aussage des Beschwörers zu wispelig (lebhaft) und trieb die, welche schon glücklich in die Flasche hineingebracht waren, wieder aus derselben hinaus. Am andern Morgen erschien die Mutter des Schusters, stellte noch allerlei Verlangen, es seien der Geister zu viele, und ihr Sohn Peter müsse noch weitere Hülfe haben, er könne allein nicht Herr werden: unten an der Thüre seien 21 Kreuze über nacht angekreidet worden, das sei ein Zeichen, daß eben so viel böse Hexen im Hause ihr Wesen treiben. Diese Kreuze hatte aber der Sohn des Schreiners am Abend beim Kohlenabladen gemacht, um zu sehen, ob er richtiges Quantum erhalten habe. Da der Schwindel offen zu Tage lag, jagte er das Weib zum Hause hinaus und erzählte die Schwindelgeschichte allerwegen. Der Schuster fand sich dadurch in seinem Geschäfte geschädigt, machte Anzeige bei der Staatsanwaltschaft und so gelangte die Angelegenheit vor das Schöffengericht, welches in richtiger Auffassung der Sachlage sich veranlaßt sah, Mutter und Sohn wegen Betrugs und Betrugsversuchs zu 6 Monaten Gefängniß zu verurteilen. Die Alte hatte sich außerdem auch noch als Heilkünstlerin versucht, indem sie des Schreiners Gesichtsflechten mit einer gerösteten, zu Pulver gestoßenen Kröte kuriren wollte. Bei hierdurch vermehrten Schmerzen rieb sie ihm das Gesicht mit der dicken braunen Wegschnecke. Guten Appetit![13]

Wunderkuren

Wenn im bäuerlichen Umfeld Krankheiten auftraten, dann suchte man die Schuldigen nicht nur bei den Hexen – und das noch viel länger, als allgemein geglaubt wurde –, man suchte auch bei Zauberern und Heilpraktikern schnelle Lösungen.

Nicht immer kann aus Presseberichten genau gesagt werden, was wirklich geschah. So raunen die Zeitungen im September 1854 von dem „allbekannten Gesundheitslehrer(– E. M.–)", der am 7. des Monats in Saarbrücken verhaftet wurde,

weil er von seinen und den sonst bürgerlichen und allgemein anerkannten Theorien – der Ehrlichkeit abgewichen sei und seine Hände,– gegen das siebente und zehnte Gebot zu weit ausgesteckt und eine Summe Geldes von 250 Thlrn. in Goldstücken verschluckt und in Folge unbequemer Unter-

> *suchung und leiblichen Unbehagens vor der gegenwärtigen Polizei zu Stuhl wiedergegeben haben soll!?*[4]

Wer steckt hinter dem Kürzel E. M.? Verstöße gegen das siebte (Ehebruch) und zehnte Gebot (Begehren von Haus und Frau) deuten wohl sittliche Verfehlungen und Geldgier an – war es ein Guru, der die Abhängigkeit seiner Jüngerinnen ausnutzte? Auch über den weiteren Verlauf der Sache E.M. war nichts in Erfahrung zu bringen. Über ihn erschienen in der Presse keine weiteren Nachrichten.
Im Juli 1882 ängstigte eine „Schweinepest" (die Halsbräune) die Landwirte „der Gemeinde Th. des Kreises O." (wohl Tholey und Ottweiler). Mehrere Schweine verendeten plötzlich, und die Dorfbewohner setzten sich zusammen und hielten Rat über das beste Mittel, der Bedrohung Herr zu werden. Man verfiel auf „ein schrecklich abergläubiges Mittel":

> *Der Polizeidiener machte mit seiner Dorfschelle bekannt, daß jeder Schweinebesitzer des Orts nach einem bestimmt bezeichneten Platze bis gegen Abend desselben Tages ein Bündel Holz zu bringen habe. Ob diesem Befehle jeder glückliche Besitzer eines Borstenträgers Folge leistete, kann ich allerdings nicht verbürgen. Jedenfalls aber ist es Thatsache, daß gegen Abend auf dem qu.[angegebenen?] Platz ein lustiges Feuer loderte, daß in diesem Feuer eines der an der bezeichneten Krankheit gestorbenen unglücklichen Schweine aus ungebrannter in gebrannte Asche verwandelt wurde, daß man nach geschehener „Feuerbestattung" die Ueberreste des in ein „ruhigeres Dasein" übergegangenen Borstenträgers mit Hafer bestreute, und daß man diesen Hafer mitsammt der Asche des verbrannten Schweines von der Schweineheerde des Dorfes auffressen ließ, damit auf diese wundersame Weise sämmtliche, von der genannten sonderbaren Reliquie kostenden Schweine des Dorfes für die Zukunft gegen die wirklich sehr gefährliche, eingangs genannte Krankheit gefeit seien.*

Der Berichterstatter ist außer sich über so viel Irrationalität. „Als diese famose Geschichte mir brieflich mitgetheilt wurde", schreibt er, „glaubte ich, der Briefschreiber wolle mir in launiger Weise einen Bären aufbinden." Dem aber war nicht so. „Ich sollte jedoch später Gelegenheit haben, von diesem ungeheuerlichen Vorkommnisse mich selbst überzeugen zu können. O aufgeklärtes neunzehntes Jahrhundert!" Und er stellt fest: „In unserem ‚aufgeklärten' Jahrhundert lächelt man gern über das ‚finstere Mittelalter': Das aber auch heutzutage noch bei unserer vorgeschrittenen Kultur der Aberglaube nicht ganz verschwunden ist, beweist [der] Vorfall." Wozu wiederum die Zeitung hinzusetzt: „Wie die Leser sich entsinnen werden, ist vor einigen Jahren eine ähnliche Geschichte in Baumholder passirt."[5]

Noch in dem Roman„Der Kurtenhof – ein Roman aus dem Saarland" von Ottfried von Hanstein, 1934 erschienen, ist von der weisen Frau die Rede, „die im Dorf gewissermaßen der Arzt war."[6]

In der benachbarten Pfalz lagen die Verhältnisse übrigens kaum anders. Dort war noch im Jahre 1908 in Dörrenbachbei Bad Bergzabern ein Hexenmeister tätig, der den Bauern der Umgebung bei Erkrankungen von Mensch und Vieh half, und zwar mittels zwei Hexenhämmern, einer „Donneraxt" und einem „Donnerkeidel". Beides waren wohl steinzeitliche Geräte, denen er und seine Kunden magische Kräfte zuschrieben.[7]

Vorahnungen und Omen

Natürlich erzählen viele Sagen von Vorahnungen und Prophezeiungen, die dann eintreten, tatsächliche Beispiele sind aber selten zu finden. Vom „Gesetz der Serie" erzählt ein Autor 1930, dass also auf ein Ereignis unweigerlich ein ähnliches folge. Als Beispiel nennt er die „gräßlichen Grubenkatastrophen in Alsdorf und Saarbrücken", zwei Bergwerksunglücke, die schnell aufeinander folgten, und erklärt dann, solche Art böser Serie sei rein mathematisch zu erklären.

> *Es gibt nämlich keine Duplizität, sondern meist kommen viel mehr als nur zwei ähnliche Dinge zusammen, nur werden meist zwei aus der allgemeinen Serie herausgerissen, während die anderen, als unwichtig und zu weit entfernt liegend, unter den Tisch fallen. Auf alle Fälle aber braucht man nicht etwa Angst zu haben, daß etwa deshalb, weil irgendwo ein Unglück passiert ist, bald darauf ein anderes ähnliches über uns hereinbrechen wird. Dieser Glaube ist tatsächlich Aberglaube!*[8]

Über Spuk, Erscheinungen, Vorahnungen und Wunder berichteten die Zeitungen des 19. Jahrhunderts stets mit einem aufgeklärten, rationalen Impetus – dazu kam, im Deutschen Reich, noch eine Arroganz gegenüber den angeblich einfachen, viel weniger als Protestanten gebildeten Katholiken, den Wundersüchtigen par excellence! Die Meldungen geben also die Tatsachen selten ungefiltert weiter!

Religiöse Traditionen

Religiöse Bräuche sind häufig lokal, ruhen nicht immer auf einem kirchlichen Fundament und zeigen, wie sich die Gläubigen in Notsituationen mithilfe „heiliger Mittel" selbst zu helfen versuchen, wenn die Theologie zu abstrakt wird. Das findet man beim Reliquienkult ebenso wie im naiven Glauben an die Wundertätigkeit von Heiligenbildchen.

Das war in der Nacht von 7. auf den 8. Juni 1890 der Fall, als ein starker Frost bei Neunkirchen in den meisten Gärten die Bohnen erfrieren ließ. Nur in einem Garten nicht, denn da stand „ein Muttergottesbildchen unter Glas und Rahmen". „Selbstverständlich ist daran

Seit 1552 wird auf den Litermont gewallfahrt. Das Bild zeigt das 1852 errichtete Gipfelkreuz.

nur das unschuldige Muttergottesbildchen schuld, so glauben wenigstens die ‚aufgeklärtesten' und gottesfürchtigsten Leute dort. Wenn sie nur wüßten, welch' zweifelhaften Dienst sie damit dem rechten Gottvertrauen brächten."[9]

Das ist es wieder, das sichere Gefühl des Journalisten, rationaler und aufgeklärter zu sein als die Menschen, über die er schreibt, das so viele der hier angeführten Artikel durchtränkt.

Bilder können nicht nur Positives bewirken. Ein Mann, der spät nachts auf dem Heimweg nach Sehndorf bei Perl war, kam der Sage nach an einem neu errichteten Holzkreuz vorbei. Da packte er das alte, morsche Kreuz, das daneben lag, auf den Rücken, um es als Brennholz mit nach Hause zu nehmen. „Als er nun an einer am Wege liegenden Kapelle vorbeikommt, kann er plötzlich nicht mehr weitergehen. Da trägt er nun das morsche Kreuz wieder an den alten Platz und kann nun unbehindert seinen Heimweg fortsetzen."[10]

Kein einmaliges Ereignis, sondern eine Tradition beschreibt eine Notiz von 1905, nach der an der Saar die „fromme Sitte" herrsche, „daß nach Wegzug der Fronleichnamsprozession, Mütter mit ihren Säuglingen rasch herbeigeeilt seien, um auf den an mehrern Punkten der Straße errichteten Altären ihre Säuglinge auf die Stelle niederzusetzen, wo kurz vorher das Allerheiligste gestanden hatte." Eine Art Selbsthilfe zum Segen! Dazu merkt ein Korrespondent an, er habe um 1850 dasselbe im schwäbischen Herrenberg erlebt, „und zwar waren es merkwürdigerweise nicht nur katholische, sondern auch evangelische Mütter, die kränkliche und schwächliche Kinder zu obigem Zwecke herbeibrachten."[11]

Der Glaube, dass kirchliche Akte und Geräte heilen, und das weit über den offiziellen Anspruch hinaus, findet man immer wieder. Old habits die hard, sagt man im Englischen, man ändert alte Gewohnheiten nicht so leicht. Die Reformation schaffte Wallfahrten, Heiligenbilder, heilige Quellen und ähnlichen „Aberglauben" mit großer Überzeugung ab ... und fand beim Volk wenig Gehör. Taufwasser hatte immer etwas Magisches gehabt und sollte es nun nicht mehr haben. 1679 untersagte die reformierte Kirchenordnung des Herzogtums Pfalz-Zweibrücken strikt die Verwendung von Taufwasser, um Geburten zu erleichtern und die Säuglinge zu schützen, was „offtmals abergläubische Leute" machten. 1723 wollte die lutherische Hebamme von Zweibrücken Taufwasser, um einen Knaben zu heilen, wurde deswegen festgesetzt und verhört.[12]

Der einfache Wunderglaube eint das Volk, seine Ablehnung den Klerus, die Wissenschaft, die Behörden und die Journalisten.

Hochzeitsbrauchtum

Nichts verändert sich so schnell wie das traditionelle Brauchtum. Heutige Kinder wachsen damit auf, dass man am 31. Oktober Halloween feiert und als Gespenst und Zombie verkleidet Süßigkeiten einfordert, aber jeder, der vor 1980 geboren wurde, kannte den Brauch zunächst nur von den Peanuts-Comics. Noch bis Ende des 20. Jahrhunderts feierten Hochzeitspaare gemeinsam den Polterabend, heute geht es zu Junggesellen- und Junggesellinnenabschieden – und obwohl es sich um völlig unterschiedliche Rituale handelt, sind beides Bräuche und Traditionen. Nur sind manche eben viel jünger, als man denkt. Selbst den Weihnachtsbaum gibt es erst seit knapp 200 Jahren.
Ein harmloser und unterhaltsamer Brauch anlässlich einer Hochzeit, der heute längst vergessen ist, wurde noch 1881 in Saarlouis aufgeführt:

> *Nachdem der Bräutigam die Nachricht erhalten, daß seine Braut unter Beihülfe ihrer Freundinnen den hochzeitlichen Schmuck angelegt habe, so eröffnet er mit seinen Freunden, unter dem Vortritt einer Musikbande, den Zug nach dem elterlichen Hause der Braut. Die Thüre des letzteren ist bei der Ankunft des Bräutigams geschlossen. Der Zug des Bräutigams macht vor diesem Hause Halt. Die Musikanten spielen ein Stück. Hierauf öffnet eine alte Frau die Thür und fragt, was man wolle? Der Bräutigam sagt: „Ich suche und begehre meine Braut." Die Alte erwidert mit anscheinender Freude: „Ich bin die Braut!" Da der Bräutigam aber dagegen protestirt, so schließt die Alte auch wieder die Thür. Die Musikanten spielen von Neuem. Nach eingetretener Pause öffnet sich die Thüre wieder und es tritt ein anderes häßliches Weib hervor. Man sucht die Häßlichkeit durch eine Maske und andere Zuthaten recht auffallend zu machen. Die früheren Fragen und Antworten wiederholen sich, sowie auch die Abweisung und der Thürschluß. Es beginnt die Musik wieder. Endlich öffnet sich die Thür von Neuem, die geschmückte Braut tritt weinend hervor und hält ein weißes Taschentuch vor's Gesicht. Der Bräutigam ruft nun: „Ah, es ist meine Braut!" Er schreitet auf dieselbe zu, erfaßt sie bei der Hand und drillt sie, das heißt er hebt seine rechte Hand und die der Braut hoch und leicht empor und läßt die Braut, gleichsam an seinem Finger, sich dreimal herumdrehen. Während sie dies thut, spricht der Bräutigam: „Wo ich Mann bin, da bist Du Frau, und wo Du Frau bist, da bin ich Mann!"*

Das ist offenbar eine alte, im Volk gebräuchliche Heiratsformel gewesen. Alle ziehen nun weiter zur Pfarrkirche des Dorfes, um – schon ziemlich unheimlich – jetzt noch die Verstorbenen zum Fest einzuladen.

> *Auf dem Kirchhofe, welcher die Kirche umgibt, angekommen, gehen der Bräutigam, die Braut und die Freundinnen auf die Gräber der verstorbenen nächsten Anverwandten und beten drei Vaterunser und Ave für die Seelenruhe derselben. Es fließen dabei nicht selten aufrichtige Thränen kindlicher Liebe und Dankbarkeit. Man nennt dieses Betreten der Gräber „zu Gast laden." Darnach ordnet sich der Zug wieder. Dieser schreitet zuerst um die Kirche und dann in dieselbe, wo die kirchliche Trauung vorgenommen wird. Ich fand diesen Gebrauch noch vor zwanzig Jahren in der Pfarrei Lisdorf an der Saar vor. Die jungen Leute fingen an sich desselben zu schämen, da ich ihnen aber das Alter des ersten Theiles und das Schöne des zweiten zeigte, indem ich die kindliche und christliche Pietät gegen die verstorbenen Eltern, Freunde und Wohlthäter hervorhob, so belebte es sich wieder. Schöne und sinnvolle alte Sitten und Gebräuche sollten an jedem Geistlichen immer einen Erhalter und Förderer finden. Hansen.*[13]

Hier zeigte sich der Pfarrer Hansen den Traditionen gegenüber duldsam, die er mit strengerer Einstellung als verbotene Geisterbeschwörung hätte ablehnen können. Aber schon damals starben Traditionen aus und wurden durch neue und „zeitgemäßere" ersetzt – was überdeutlich zeigt, dass man nicht hinter jedem Brauchtum heidnische, vorchristliche Wurzeln vermuten darf. So lange hält selten ein Brauch durch, und oft spiegelt solch ein Brauchtum tiefsitzende Wünsche und Hoffnungen derer, die es ausführen. Wer hätte nicht gern geliebte Eltern und Großeltern, wenn sie schon verstorben sind, bei der eigenen Hochzeit mit am Tisch?

7 — Unheimliche Ungeheuer – von Raubkatzen, schwarzen Hunden, Wölfen und Drachen

Große schwarze Katzen gehören zu den häufigsten Gespenstern im Saarland – oft als „Dorftier", das häufig unheimlich zur Nacht die Bewohner erschreckt, durchmischt mit Charakteristiken anderer Haustiere, wie etwa Kälber. In der Region hütet man sich auch das „Muhkalb", das trotz seines leicht kindlichen Namens als ein gefährliches, dämonisches Wesen gefürchtet wurde.

So wollte ein Mann 1880 in der Erbachgasse von Püttlingen die „große schwarze Katze" gesehen haben, sie „lief gleich mit ihm, aber immer ein paar Schritte voran", ohne ihm etwas anzutun.[1] Und das Dorftier von Püttlingen war ein „dunkles Tier, groß wie ein Hund oder Kalb", so jedenfalls Maria Westhofen, die eine unheimliche Begegnung mit ihm hatte.[2]

Raubkatzen

Vom Saarlandpanther gibt es viel zu berichten – und ich darf den Leser auf mein Buch „Geheimnisse des Saarlandes" verweisen, das das ausführlich tut.

Allerdings gab es im Saarland echte Raubkatzen, neben Wildkatzen vor allem den Luchs, der – aus der richtigen Perspektive gesehen – schon recht löwenhaft wirken kann. Das letzte Exemplar soll bereits 1745 erlegt worden sein.[3]

Ein Luchs

Eine Wildkatze

Die heute als scheu geltenden Wildkatzen betrachtete man noch vor hundert Jahren als gefährliche und aggressive Raubtiere, die ihren Angreifer „zerfleischen":

> *Bei dem hohen Schnee zu Anfang Februar wurde zu Merzig a. d. Saar an der Lisière des Merziger Kammerforstes ein prächtiger Wildkater, ca. 10 Jahre alt und 1 m lang, geschossen. Nach dem ersten Schuß, welcher nicht tödtlich war, wollte der Hühnerhund des Jägers zupacken, aber im Nu saß ihm der Kater auf dem Rücken und zerfleischte demselben den Hals. Der Hund stellte sich, heulend vor Schmerz, auf die Hinterläufe und wälzte sich dann mit seinem gefährlichen Reiter den steilen Berg hinab. Es war ein unförmlicher Klumpen, welcher sich da im Schnee gleich einer Lawine hinunterbewegte. Der Jäger lief, was er konnte, um seinen Hund zu retten. Als die Wildkatze nun seiner ansichtig wurde, machte sie ein paar Sprünge weiter und bäumte dann auf eine Eiche, wo sie durch einen zweiten Schuß tödtlich getroffen zu den Füßen des Jägers hinstürzte. Wildkatzen zeigen sich in Merzig an der Saar höchst selten.*[4]

Man dichtete Wildkatzen fast übernatürliche Fähigkeiten an. Heute wird immer wieder von toten Wildtieren mit wie mit Laserstrahlen präzise abgetrennten Köpfen und Körperteilen erzählt, eine Tat, die fantasiebegabte Autoren wahlweise den Besatzungen fliegender Untertassen, Vampiren, dem aus Mittelamerika stammenden Chupacabras oder Ziegensauger oder Satanisten anhängen. 1935, in einer Parteizeitung mit entsprechender Rhetorik, waren die Wildkatzen schuld. Da wurde aus dem nahen Zweibrücken berichtet, in der Gemarkung von Vorderweidenthal habe man „wiederholt verendetes Rehwild aufgefunden", und zwar jedes Mal mit denselben Verletzungen: „Der Kopf war dicht hinter den Lauschern wie von einer Säge abgetrennt und nirgends auffindbar. Nie waren Spuren eines Kampfes zu sehen. [...] Dem Wild fehlte stets das Blut, das von dem betreffenden Raubtier ausgesogen worden war." Man schlussfolgerte auf eine Wildkatze oder einen Luchs als Täter, „der dem Wild auf den Rücken sprang und die Schlagader durchbiß".

> *Reste von Hasen- und Kaninchenknochen in einem verlassenen Steinbruch führten nunmehr zur Entdeckung des Verstecks des Räubers. Maurermeister Becker (Vorderweidenthal) gelang es auch, das Raubwild zu erlegen. Es ist ein starkes, ausgewachsenes Wildkatzenweibchen, dessen Körperlänge 78 Zentimeter und dessen Schwanzlänge 29 Zentimeter beträgt. Das Tier, das eine Höhe von 37 Zentimetern hat, wiegt rund 8 ½ Kilogramm. In sei-*

nem Versteck fand man noch Knochenreste, die von schon vorher gefundenen Rehen stammten.[5]

Woher man damals wissen konnte, dass die Rehreste von den bereits aufgefundenen Kadavern stammten, erklärt die Zeitung nicht.

Wölfe

Nein, der Wolf ist ebenso wenig ein Ungeheuer wie eine Wildkatze – die Sagen und die Märchen machen ihn zu einem. Heute, da er wieder in unsere Wälder vordringt, merken wir, dass er den Menschen in der Regel nicht gefährlich wird, wenn auch Schäfer Opfer zu beklagen haben.
Vor seiner überraschenden Rückkehr galt der Wolf im Saarland für ausgestorben, das letzte Exemplar soll an der Saar um 1900 getötet worden sein.[6]
Vor dieser Zeit – und auch noch gelegentlich danach – geisterten Wolfsichtungen, Wolfsfänge und Wolfsgeschichten noch durch die Presse.
Sowohl 1846 als auch 1847 wurde ein Wolf im nahen Zweibrücken geschossen.[7] Doch zufällige Einzelabschüsse waren rar – Deutschland führte in der zweiten Hälfte des 19. Jahrhunderts einen Vernichtungskrieg gegen das Raubtier: „In unserer Gegend [Saar] haben sich seit dem strengen Froste Wölfe gezeigt. Der Förster Dorus hat am 22. Dezember einen Wolf in einer Falle gefangen. Es wird angeführt, daß dieser Förster bereits den 101. Wolf zur Prämirung vorgeführt hat."[8]

Ein Wolf

1870 und 1871 wird mit sichtlichem Vergnügen über das Töten berichtet:

> *Daß in der Umgegend von Saarbrücken im vorigen Jahre 7 Wölfe geschossen wurden, ist [...] bereits berichtet.*
> *Die jetzt schon vorliegenden Mittheilungen von Wolfjagden lauten:*
> *Saarburg, 9. November [1871]. Trotz eines Wetters, bei dem man eher hätte fischen als jagen mögen, zogen wir Jägersleute gestern zur Eröffnung der Wolfsjagden nach Oberleuten, seit vorigem Jahre Wolfsleuten genannt.*
> *Erlegt wurden ein Wolf und eine Wölfin, die gestern Abend noch hier eingebracht wurden.*[9]

Nach 1870 werden Meldungen über mehrere getötete Wölfe seltener – jetzt geht es um Einzelexemplare, und zuweilen schützt ein Hirte seine Herde. So verbreitete sich im Januar 1871 um Tholey „das hier seltene Gerücht von der Anwesenheit von Wölfen". Dann wollte einer am 7. Januar in einen Schafstall eindringen, „wurde aber von dem 19 Jahre alten Adolph Schneider mit einem Schuß erlegt".[10]
Am 20. November 1872 „wurde von Herrn Krämer von St. Ingbert in der Nähe von Ensheim ein Wolf erlegt. Mehrere solcher Bestien wurden in den letzten Tagen an verschiedenen Orten unserer Gegend gesehen."[11]
Ein weiterer Wolf wurde 1874 in Bliesransbach, einem Ortsteil von Kleinblittersdorf, erlegt, und zwar durch den Verwalter Joseph Dahlem. Es war „wieder ein kolossaler Wolf"; der 82 Pfund wog. Er war „jedenfalls der größte, der noch in hiesiger Gegend geschossen wurde."[12]
In ihrem Bericht über die „General-Versammlung des Jagdschutzvereins der Rheinprovinz" stellt die „Aachener Zeitung" 1885 fest, dass 1884 neben 219 Rehen, 6281 Hasen, 3918 Hühnern und 228 [Stück] Raubwild auch zwei Wildkatzen bei Bonn und drei Wölfe bei Saarlouis geschossen worden seien.[13]
Der Wolf war nun fast ausgerottet. Exemplare, die gemeldet wurden, stammten wohl aus Belgien und hatten die Grenze überschritten. So im Januar 1887:

> *Unser Regierungsbezirk [Trier] wird zur Winterzeit, wenn, wie jetzt, die Höhen der Eifel und der Hundsrück mit einer meterhohen Schneedecke überzogen sind, nicht selten von recht unliebsamen Gästen, Wölfen, heimgesucht, die dann ihr benachbartes Standquartier, die Ardennen, verlassen und sich vereinzelt in den Kreisen Merzig und Saarlouis und sogar in den Kreisen Ottweiler und St. Wendel zeigen. Dieser Tage wurden auf der Straße von St. Wendel nach Tholey mehrere dieser Raubthiere bemerkt, von denen*

> *eines einem Bauer in der vorgestrigen Nacht einen Besuch abstattete und ihm ein Schaf im Stalle zerriß.*[14]

Am 10. Oktober 1890, knapp vor dem angenommenen Aussterben der saarländischen Wölfe, „gelang es am letzten Freitag Jägern aus Saargemünd, 5 Wölfe zu erlegen".[15] Im Januar 1891 trieb der strenge Winter „die auf der lothringischen Grenze vereinzelt sich noch zeigenden Wölfe" an die Saar.[16]

Dann soll um 1900 der letzte Wolf bei Blieskastel erschossen worden sein: „Ein in der Schulsammlung in Herrenalb stehender ausgestopfter Wolf ist nicht in Württemberg, sondern nach meinen Nachforschungen anfangs des Jahrhunderts in der Pfalz bei Blieskastel erlegt."[17]

Doch vereinzelt tauchten sie noch auf, und die letzte Pressemeldung, die zu finden war, setzt 1912 in Merzig einen dramatischen – und tragischen – Endpunkt:

> *Auf dem Dienstwege zwischen Oberesch bei Merzig und dem Dorfe Silvingen wurde der Landbriefträger des hiesigen Postamts im Walde von zwei Wölfen angefallen. Er gab zwei Revolverschüsse ab, worauf die Bestien, die auch von den Bewohnern Silvingens bemerkt worden waren, entflohen.*[18]

So schleichend, wie er damals verschwand, kehrt der Wolf heute wieder. Bundesweit Schlagzeilen machte ein Tier, das um den 25. Juli 2024 bei Heusweiler-Eiweiler geflmt wurde, als es die Straße Zum Vogelsborn entlangspazierte.

Das war jedoch nicht der erste neue Wolf der Region. Vor allem im Bliesgau mehren sich die Beobachtungen: im September 2023 bei Bliesransbach, im Oktober 2023 bei Kleinblittersdorf (Aufnahmen einer Wildtierkamera), im November 2023 im Niederwürzbacher Wald. Im Juni 2024 filmte ein Jogger einen Wolf aus 30 Metern Entfernung bei Ormesheim. Und zusätzlich zu dem Wolf von Heusweiler wurden Begegnungen an der Grenze zum Saarland auch aus den Landkreisen Birkenfeld und Kaiserslautern gemeldet.

Aber: Nicht jeder Wolf ist gleich aggressiv. Am 23. Juni 2024 riss ein Tier, das zunächst für einen Wolf gehalten wurde, fünf Schafe in Habkirchen, ebenfalls im Bliesgau. Genanalysen ergaben jedoch, dass der Täter ein streunender Hund gewesen war.[19]

Werwölfe und schwarze Hunde

Aber nicht jeder Riss, nicht jeder Biss muss auf einen Wolf zurückgehen. Häufig fallen verwilderte oder aggressive Hunde Nutztiere an – was schnell zu Gemunkel über Wölfe führen

Ein schwarzer Hund. Englische Darstellung von 1577.

kann. So wütete ein Hund im November 1925 bei Limbach: „Gewaltigen Schaden verursachte ein Hund in einem Schafspferch. Ein Teil der Tiere floh vor dem Hund nach allen Richtungen. 17 Stück wurden von dem Hund zerrissen. 13 mußten notgeschlachtet werden."[20]
Der Hund ist nämlich nicht nur einer der ältesten Freunde der Menschen, er ist zuweilen auch ihr ärgster Feind. Von Katzen, die man als Geister ansah, war bereits die Rede, aber Hunde spielen als „schwarze Hunde" eine ähnliche Rolle – nur dass sie stets dämonischer oder sogar teuflischer Natur waren.
Besonders verteufelt wurden die intelligenten Pudel. Wenn es in Goethes „Faust" heißt „Das also war des Pudels Kern!", dann klingt das nur für moderne Gemüter komisch, die Pudel für affektierte und süß frisierte Hündchen halten. Goethes zeitgenössische Leser wussten wohl, dass schwarze Hunde zu fürchten waren.
Auch Faust muss den Pudel mit magischen Zeichen bannen. Trotzdem schwillt Mephisto als Pudel an, bis er den ganzen Raum füllt (Faust I, Studierszene):

Bist du Geselle
Ein Flüchtling der Hölle?
So sieh dies Zeichen!
Dem sie sich beugen
Die schwarzen Scharen.
Schon schwillt es auf mit borstigen Haaren.
[...] Hinter den Ofen gebannt

Schwillt es wie ein Elephant,
Den ganzen Raum füllt es an,
Es will zum Nebel zerfließen.
Steige nicht zur Decke hinan!
Lege dich zu des Meisters Füßen!
Du siehst daß ich nicht vergebens drohe.
Ich versenge dich mit heiliger Lohe!

Solche schwarzen Hunde brachte man an der Saar mit Seuchen in einen ursächlichen Zusammenhang. 1623 trug ein schwarzer Hund eine Viehseuche nach Saarbrücken. Versuche, die Pestilenz mit einer Art Zaubertrank loszuwerden, misslangen. Und noch um 1850, als ein „schwarzer Pudel, der eine Kette nach sich schleppte", auf dem Saarbrücker Kirchhof von Etzel gesehen wurde, verständigten die Anwohner einen Kapuzinermönch, der ihn bannen sollte. Es wurde auch gemunkelt, in dem Pudel stecke die Seele eines Wucherers aus Saarbrücken.[21] Gespensterfurcht, gepaart mit Antisemitismus?
Im 19. Jahrhundert begegneten Augenzeugen Werwölfen in Koblenz und im 20. Jahrhundert bei Morbach im Hunsrück – das Saarland blieb in dieser Zeit von ihnen verschont.

Riesen, wilde Männer und Affen

So unglaublich es klingt – Bigfoot gleichende Wesen sollen in Luxemburg gefilmt, ein wildes Mädchen 1833 bei Forbach entdeckt worden sein, wie ich in „Geheimnisse des Saarlandes" beschreibe. Wenig Neues zu diesem Thema ist aufgetaucht, aber es sollte doch vermerkt werden, dass 1883 beim Wahnersch Steck Riesen und eine Riesin beobachtet worden sind.[22]

Nixen

Zwischen Homburg und Zweibrücken liegt Kirrberg, und dort sollen noch im 19. Jahrhundert Nixen beobachtet worden sein. Zwischen dem heute bis auf geringe Reste gänzlich abgegangenen Schloss Karlsberg und Kirrberg befand sich noch um 1850 der Reiterbrunnen (eventuell bei der Burgruine Merburg), eine „bodenlose Vertiefung, in welche einst ein von den Croaten verfolgter herzoglicher Reiter stürzte und verschwand. Weiße Gestalten, Nixen, die ihm gewinkt hatten, sieht man der Sage nach öfters noch jetzt dort."[23]

Ein Affe, Renaissance-Relief auf Burg Nanstein bei Zweibrücken.

Zu guter Letzt: die Drachen

In der Antike galt die Saar, wie alle anderen Flüsse auch, als eine Gottheit. Der spätantike Autor Ausonius nennt sie in seinem Gedicht „Mosella", „Die Mosel", in Zeile 367 Saravus, die schiffbare Saar, mit rauschendem Wasser, die mit ihrem Gewand winke. Dass sich diese Verkörperung, sei es in Form von Seeungeheuer- oder Seejungfrauenbeobachtungen, bis heute fortgesetzt hat, davon künden keine Berichte.

Wenn in der Saar also noch keine Nessie aufgetaucht ist, einen veritablen Drachen gibt es doch. Die Sage erzählt von einer verwunschenen Prinzessin, die in eine Kröte verwandelt worden war. „Alle sieben Jahre aber fliegt sie als Drachen nach den Gewölben des Hellringer Schlosses, um sich dort wieder zu baden."

Das ist aber nicht alles: Man hat sie noch 1914 im nahen Forbach erspäht.

Ein Drache von der Burg Nanstein bei Zweibrücken.

> *Im ersten Kriegsjahre des letzten Weltringens, da ist sie noch als Drachen von Helleringen über den Kreuzberg von Forbach geflogen und hat sich gegen Völklingen herübergedreht. Der feurige Schwanz kann ungefähr drei Meter lang gewesen sein, und der Drache eineinhalb Meter. Dabei gab das alles einen Glanz von sich, aber in zwei Minuten war der weg und der Drachen schwarz.*[24]

Ein anderer Augenzeuge sah sie, als er 30 Jahre alt war (aber er verrät nicht, wann das war). Dabei flog sie als Drache vom Forbacher Schlossberg nach Helleringen, „so fünfzig Meter in der Höhe. Es war ein langer Feuerstrahl von fünfundzwanzig bis dreißig Metern." Der Zeuge oder die Zeugin erschrak so sehr, „daß ich nicht geblutet hätte, wenn man mich gestochen hätte!" Manche hielten den Drachen für einen großen Stern, der schieße – also wohl eine große Sternschnuppe. „Aber ich sah, daß es kein Stern war. Der Feuerstrahl zischte, aber es gab nicht viel Lärm. Dieses Jahr kam er von Helleringen nach dem Herapel. Viele Leute sahen den Drachen, und alle erschreckten."

Die letzte namentlich bekannte Augenzeugin ist Marie Klein, die das Ungeheuer noch 1930 erblickt haben will, als der Drache von Helleringen nach Herapel flog. Eine Beschreibung dessen, was sie sah, ist aber nicht überliefert.[25]

Die Seeschlange von Homburg protestierte gegen die Trockenlegung eines Feuchtgebiets.

Und dann kam doch noch eine Nessie: Sechs Meter lang, mit langem Hals und kleinem Kopf, zwei Schlingen und einem Schlangenschwanz blickte sie Ende März 2024 Spaziergängern in einem Feuchtgebiet bei Homburg-Erbach entgegen. Aber sie bewegte sich nicht. Es handelte sich um eine Skulptur, geschaffen von der Bürgerinitiative „Zunderbaum II", die so Aufmerksamkeit für ihren Kampf gegen die Umwandlung des ökologisch wertvollen Brachlands in ein Baugrundstück für ein Logistikzentrum wecken wollte.[26]

8 — Ungewöhnliche Tiere mit noch ungewöhnlicherem Verhalten

Tiere sind die stetigen Begleiter des Menschen, gegen sie definieren wir, was uns ausmacht, ohne Nutztiere wäre die Bestellung der Felder unmöglich gewesen oder heute das tagtägliche Schnitzel, ohne Tiere kein Gesang in der Luft und keine spannenden Situationen in Abenteuerromanen, wenn der Held einem Tiger, Löwen oder Dinosaurier gegenübersteht.
So haben sich um Tiere die unterschiedlichsten Mythen und Geheimnisse angesammelt – man raunt von Tieren, die es vielleicht gar nicht gibt, sieht Tiere, die am Ort der Beobachtung ganz und gar nicht am Platze sind (von Pumas über Kängurus), Tiere selbst zeigen fast menschliches Verhalten – Pferde rechnen und Fische bringen verlorene Ringe zurück.
Hier begegnen sich Fakten und Fiktionen, zeigt sich die Unschärfe unserer Welterkenntnis besonders drastisch – sind die Erzählungen und Erlebnisse objektiv wahr oder gibt und gab es sie nur in der Vorstellung, und wenn es sie tatsächlich gab ... kennt man da immer die richtige Erklärung?

Regen und Schwärme

Nur ganz indirekt erfährt man leider von einem „Raupenregen, vermeynter im Pfalz-Zweybrückischen, und Erläuterungen desselben" in der Physikalisch-ökonomische Zeitung: eine Monatsschrift, die in Dresden und Leipzig von Johann Georg Immanuel Breitkopf herausgegeben wurde.[1] Das Thema war Gegenstand eines Artikels, den ich leider nicht einsehen konnte. Da früher allgemein geglaubt wurde, dass es Tiere regnet – von Insekten über Frösche und Fische, bis zu den Lemmingen Skandinaviens – mag hier von einer einfachen Raupenplage die Rede gewesen sein. Insektenplagen gab es häufig.
Konkreter wird es 1892, als die Jugend im Kreis Saarlouis im „Frühjahre 43291 Liter Maikäfer gesammelt und abgeliefert" hatte – insgesamt 20 Millionen Maikäfer. „Für jedes Liter war eine Prämie von 8 Pfennig bewilligt, was eine Summe von 1298 Mark erforderte."[2]
Bis in die 1930er-Jahre noch sammelten Schulkinder Maikäfer ein, bis die Pestizide dem Krabbeltier generell den Garaus machten und Reinhard Mey in einem Chanson beklagte: „Es gibt keine Maikäfer mehr." Dennoch: Immer wieder kommt es zu Schwärmen wie dem geschilderten, so im Mai 2012 und 2022 in Hessen oder 2021 im bayerischen Wald. Heute kennen wir die Erklärung für das Phänomen: Maikäfer benötigen vier Jahre für die Entwicklung vom gelegten Ei bis zum geschlüpften Käfer. Sie treten also in einer bestimmten Region alle vier Jahre gehäuft auf (es sind in Deutschland in unterschiedlichen Regionen

auch unterschiedliche Jahre), und wenn die Umweltbedingungen in diesen vier Jahren für die Käfer günstig waren, dann schlüpfen sehr viele Exemplare auf einmal.
Im Oktober 1907 kam es in der Region Trier, westlich der Mosel stärker als östlich, zu einer Mäuseplage,[3] zwei Jahrzehnte später darauf traf es St. Wendel.

> *Die Mäuseplage ist in diesem Jahre auch in der hiesigen Gegend ungeheuer groß. Der Schaden, den diese gefährlichen Nager auf den Feldern anrichten, ist kolossal. Ein Bauer fand beim Umpflügen eines Ackers eine Vorratskammer, die sich die Mäuse angelegt hatten und die über 100 mittelgroße Kartoffeln enthielt. Wenn sich alle Mäuse so eindecken, kann man sich den Schaden annähernd vorstellen.*[4]

Auch Ameisen tauchen plötzlich in großen Schwärmen auf. Wer einmal gesehen hat, wie sich aus Erdlöchern in einer Rasenfläche ganze finstere Wolken geflügelter Ameisen erheben, vermag sich vorzustellen, wie unheimlich Ameisenschwärme sind.
In Tholey löste ein Schwarm fliegender Ameisen im September 2013 einen Großalarm der Feuerwehr aus, weil besorgte Bürger anriefen, die glaubten, über dem frisch renovierten Schaumbergturms Rauch zu erkennen. Es handelte sich aber um eine riesige Wolke aus Ameisen![5]

Tiersterben

Tiere können auch in Massen verenden. Dann sind selten natürliche Zyklen, vermehrt aber Menschen mit ihrem Beitrag zur Umweltverschmutzung die Ursache. Zuweilen, etwa in Dürrejahren, nehmen Wasserflächen ab, wuchern Algen, fehlt den Fischen die Luft. Zu Fischsterben kam es in der Saar auch im 19. Jahrhundert mehrmals.
Zum Beispiel im Juni 1875, als in der gesamten Saarregion festgestellt wurde, dass die Fischbestände abnahmen. Schuld, so die Presse, seien die neuartigen Wasserbauten wie die Buhnen in der Mosel, die Einführung der Dampfschifffahrt, aber auch die Überfischung.

> *In Conz (Landkreis Trier) haben die Barben ab-, die Hechte dagegen zugenommen. Ursachen unbekannt; nach anderen Nachrichten sollen sich Hechte, Karpfen und Schleien bei Trier häufiger finden, während die anderen abnehmen. Man wünscht Versuche mit künstlicher Vermehrung der gewöhnlichen Flußfische, an die ja überhaupt viel zu wenig gedacht wird. Im Allgemeinen klagt man an der Mosel sehr über den Schaden der Dampf-*

schiffe. In Saarburg wird der niedrige Wasserstand, der den Fang begünstigte, sowie Verbesserung des Fahrwassers, resp. Uferbauten als Ursache der Abnahme der Fische, sowohl an Quantität als an Größe hingestellt. – Im Kreise Merzig (Saargebiet) wird fast allgemein nur Abnahme, speciell der Forellen, wegen zu vieler Nachstellung gemeldet, in der Bürgermeisterei Wadern sind die Gewässer nunmehr verpachtet und wird dadurch hoffentlich der Raubfischerei ein Ziel gesetzt sein. – In der Bürgermeisterei Hilbringen (Saar, zwischen Merzig und Mettlach) haben die Nasen, dort „Makrelen" genannt, wegen größerer Hochwasser mit trüben Fluthen abgenommen, die übrigen Fische nicht. [...] Im Kreise Saarlouis (Lisdorf) ist seit Kanalisirung der Saar und Schließung der Schleusen in Saarlouis 1866 und 1871 eine bedeutende Abnahme aller Fische eingetreten. Der Hecht ist in der Thele sehr selten und soll durch den Kalk aus den neu errichteten Kalköfen bei Dirmingen vertrieben sein. Bei Altforweiler sind Bachregulirungen, Benutzung des Wassers zum Wässern der Wiesen, sowie verbotene Fangmittel Ursache der Abnahme. Auffallend und fast im Widerspruch mit den Angaben aus Saarlouis ist die Nachricht aus Saarbrücken, daß im Saarcanal sich Hecht, Aal, Rothaugen und Brassen seit der Kanalisation der Saar vermehrt haben, weil sie jetzt ruhigeres Wasser finden; die übrigen Fische, welche mehr Strömung lieben, sind aus demselben Grunde weniger geworden. – Im Kreise Ottweiler klagt man bei der vollständigen Freiheit des Fanges über zu große Nachstellung, ferner über Diebstahl und über den Eintritt der Gruben- und Fabrikwasser. In der Blies und Oster sind die Hechte aus unbekannten Ursachen fast ganz verschwunden.[6]

Ein geheimnisvolles Fischsterben kann also viele Ursachen haben. Im April 1886 berichtete die „Saarbrücker Zeitung" von einer Krankheit unter den Fischen der Saar: „Wir beobachteten in kurzer Zeit mehrere, welche höchst schwerfällig daher gezogen kamen und mit auffälligen Geschwüren am Kopf und am Vorderleibe behaftet waren." Das Jahr sei nicht das erste, in dem solche Geschwüre aufgetreten seien. Schuld sei der Eingriff des Menschen in den natürlichen Lauf des Flusses. „Seit die Saar kanalisiert ist, sind überhaupt ihre Fische nicht mehr so wohlschmeckend wie vorher. Selbst aus den großen Weihern sind die Fische viel schmackhafter als unsere Saarfische."[7]

Das die Fische erkrankten, weil der Fluss kanalisiert wurde, ist aber wohl unwahrscheinlich – war nicht eher die Industrialisierung schuld, die Kohleförderung und die Stahlwerke und die damit einhergehende Verschmutzung des Wassers?

Ein letzter Fall – knapp außerhalb der Grenzen des Bundeslandes – ereignete sich im Mai 2018, als es in der Zweibrücker Gestütsallee zu einem Massensterben von Krähen kam. Anrainer zählten Dutzende toter Tiere und sammelten mindestens 50 verendende ein: „Überall auf den Wegen und am Hang zum Schwarzbach runter liefen halbverhungerte und geschwächte Jungkrähen rum." Eine Untersuchung sollte die Ursache klären.[8]

Angriffe

Zuweilen wehrt sich die Natur – Angriffe gefangener Exoten, die in Menagerien und Zirkussen gequält wurden, verwundern eigentlich auch nicht.

Am 24. Juli 1888 griff ein Bär seinen Führer bei Saarburg an und verletzte ihn schwer. Das Tier „wollte seinem Herrn nicht recht bei Vorführung seiner Fertigkeit Folge leisten, wofür er einen kleinen Rippenstoß mit einem Knüttel erhielt; der Bär schlug mit der Tatze nach dem Mann, dieser fiel zu Boden und kam unter den Bären zu liegen; nur einem kühnen Griff des Mannes nach der Kehle des Bären ist es zu danken, daß letzterer nicht Herr über ersteren wurde." Das ungewollte Zwischenspiel in der Dressur hatte die erwartete Wirkung. „Das Thier erhob in der Wuth ein fürchterliches Geheul; das Publikum flüchtete nach allen Seiten."[9]

Nicht anders erging es einer Dame, die als Schaustellerin mit einer Riesenschlange hantierte. Im Oktober 1903 legte sie in einer Bude auf der Kirmes von Völklingen das Reptil um den Hals, „um die Ungefährlichkeit des Tieres darzutun". Die Schlange aber zog sich zusammen und erwürgte das Mädchen. „Der Budenbesitzer hieb so lange auf das mörderische Tier los, bis es zerstückelt und unschädlich gemacht war."[10]

Zuweilen ist beim Tier die Notwehrsituation eindeutig gegeben. Im Juni 1906 stieß der Hilfsjäger Meiser aus Völklingen „mit einem geladenen Gewehr nach einem Hund; die Waffe entlud sich und der Schuß tötete Meiser".[11]

Und zuweilen sind Tierattacken unfreiwillig komisch, wenn auch nicht für den Menschen, den es trifft:

> *Einen nicht alltäglichen Unfall erlitt in Höcherberg ein junger Mann aus Homburg. Auf einem Spaziergang flog ihm eine besonders tieffliegende Schwalbe so nahe am Gesicht vorbei, daß sie den jungen Mann mit der Schnabelspitze ins Auge stieß. Der Verunglückte mußte ärztliche Hilfe in Anspruch nehmen.*[12]

Riesenexemplare

Nicht eben geheimnisvoll, aber doch monströs sind einzelne Exemplare von Tieren, die ihre Artgenossen weit überragen oder die ein Vielfaches ihrer Artgenossen auf die Waage bringen. So wurde im Oktober 1886 bei Tholey „auf einer Wiese ein angeschossenes Wildschwein gefunden, welches ein Gewicht von zwei Zentner hatte. Infolge des Blutverlustes stürzte es zusammen und verendete; wahrscheinlich wurde die Bestie auf dem Hochwalde angeschossen."[13]

Auch Nutztierrekorde wurden aufgestellt. Im September 1941 kam in Homburg eine Kuh mit „einem gewiß seltenen Gewicht von 850 Kilo" ins Schlachthaus. „Ihr Schlachtgewicht betrug noch 515 Kilo."[14]

Heimische Kängurus

Neben Pumas, Löwen und Panthern werden in Deutschland am häufigsten entlaufene Kängurus gesichtet, der Polizei gemeldet und gesucht. Anders als Pumas aber, die immer wieder nur gesehen, in praktisch keinem Falle aber je gefangen werden, handelt es sich bei entlaufenen Kängurus um reale Tiere – offenbar halten viel mehr Menschen in Deutschland Wallabys, die kleinen hüpfenden Beuteltiere, als man sich vorstellen kann. Schon „Geheimnisse des Saarlandes" hat belegt, dass das Saarland mit den angrenzenden Regionen wie Nahe und Südwestpfalz ein Hotspot für Sichtungen der australischen Beuteltiere ist, und die seitdem vergangene Zeit hat das bestätigt.

Die zahlreichen Berichte aus der Region Kaiserslautern, Pirmasens und Idar-Oberstein werden hier nicht aufgeführt.

Im Mai 2008 entkamen vier Wallabys aus einem Gehege am Rande von Farschweiler im Landkreis Trier-Saarburg. Zwei der Tiere wurden rasch wieder eingefangen, das dritte bekam Hunger und kehrte nach einigen Tagen zurück – das letzte wurde am 8. Juni 2008 in Osburg in einer Garage gefangen, konnte aber wieder entkommen[15] und war noch ein Jahr später, nach 14 Monaten in Freiheit „weiter vermisst". Es tauchte nur „hin und wieder [...] in umliegenden Wäldern" auf.[16]

Im Juni 2017 war ein Känguru im Nordsaarland unterwegs. „Bei der Polizeiinspektion Nordsaarland in Wadern gingen [am 7. und 8. Juni] mehrere Mitteilungen von Verkehrsteilnehmern aus dem Bereich Nohfelden ein."[17]

Anfang April 2018 wurden zwei Exemplare bei Freisen gesehen,[18] zwei Wochen später wurde eines dieser Kängurus – oder ein anderes? – auf einer Landstraße im Kreis St. Wendel überfahren. „Das Tier soll mit einem zweiten Känguru an der Straße zwischen

Ein Bennett-Wallaby.

Walhausen und Wolfersweiler unterwegs gewesen sein, wie ein Polizeisprecher am Montag mitteilte."[19]

Im Juli 2021 versuchten Polizisten vergeblich, ein Känguru auf der Bundesstraße bei Ottweiler mit einer Hundefangleine einzufangen,[20] und im Februar 2024 beobachtete und fotografierte eine Autofahrerin bei Wadern eines der Beuteltiere beim Überqueren einer Straße. Das Tier konnte wenige Tage später eingefangen und zum Besitzer zurückgebracht werden.[21]

Das Saarland ist das kleinste Flächenbundesland und Australien der kleinste Kontinent, aber beide eint offenbar noch viel mehr!

Seltsame Geschichten

Es müssen nicht immer mysteriöse Wallabys sein. Seit Jahrhunderten kursieren Legenden und Tatsachenberichte über Rattenkönige (mit dem Schwanz verknotete Ratten), kluge

Tiere, über lange Distanzen heimkehrende Haustiere, Magenschlangen und Kröten, die Jahrtausende im Gestein eingeschlossen überdauern. Einige dieser Geschichten behandelte „Geheimnisse des Saarlandes", hier folgen weitere kuriose und unerklärliche Erzählungen über Tiere.

Die Frage, wie intelligent Tiere sind, beschäftigt Heimtierbesitzer und Zoologen, sogar Philosophen, seit langer Zeit. Untersucht die moderne Wissenschaft die ureigenen Sinne und Kommunikationsmittel unserer tierischen Mitgeschöpfe, neigte man im vorletzten und letzten Jahrhundert eher zu einer sentimentalen Vermenschlichung unserer Haustiere. Der kluge Hund ist ein Beispiel dafür, selbst wenn das Ereignis nach wie vor verblüfft:

> *Die „Merziger Ztg." weiß Folgendes von der Klugheit eines Hundes zu berichten: Unterhalb Saarhölzbach befindet sich eine Fähre mit einem alleinstehenden Haus, Haus Hausen genannt. Beim letzten großen Eisgange war die kleine Ponte ganz eingefroren, aber an zwei Ketten und einem einpferdigen Seile festgebunden, konnte aber dem Andrange der schweren Eismassen nicht auf die Länge widerstehen; die beiden Ketten sprangen eine nach der andern, und eben als der Fährmann mit noch zwei andern Personen sich auf das kleine Fahrzeug begaben, um dasselbe an's Land in Sicherheit zu bringen, zerriß auch noch das schwache Seil und waren somit das Fahrzeug und seine Insassen in größter Gefahr. Am Ufer befanden sich ebenfalls mehrere Personen sowie der schöne große Haushund des Fährmannes und nun versuchte man vom Fahrzeug aus das eine Ende des abgerissenen Seiles an's Ufer zu werfen, um damit das Fahrzeug an's Ufer zu ziehen, was aber trotz wiederholter Proben nicht gelingen wollte; auf einmal springt das wackere Thier von Scholle zu Scholle, ergreift mit dem Maule das hingeworfene Ende und bringt dasselbe an's Ufer, worauf das Fahrzeug mit leichter Mühe gerettet werden konnte.*[22]

Eine ähnliche Klugheit wies ein Pferd auf, das Heimweh bekam und alleine den Weg von Wincheringen nach Saarburg fand, knapp unter zehn Kilometer Luftlinie. Das Tier war im März 1937 in Wincheringen von einem Pferdehändler erworben und nach Saarburg transportiert worden.

> *Dort hielt es sich aber nicht lange auf. Im Saarburger Stall machte es sich in einer Nacht los, schlug die Türe des Stalles auf und verschaffte sich den Weg in die Freiheit. Als man das Pferd im Stall randalieren hörte, wollte*

> *man nach dem Rechten sehen, kam aber zu spät und sah nur noch, wie der Gaul um die Ecke galoppierte. Eine Verfolgung im Auto erwies sich als zwecklos. Am nächsten Tage aber konnte der frühere Besitzer des Pferdes von Wincheringen nach Saarburg melden, daß sein verkauftes Pferd wieder bei ihm eingetroffen war und sich – gerade als ob dies so sein müßte – in seine alte Box gestellt und seine Stallgefährten mit einem vernehmlichen Wiehern begrüßt hätte.*[23]

Von Hunden und Katzen wird so etwas öfter erzählt. Als Alphonse Bodry im November 1985 ins Krankenhaus St. Nicolas in Sarrebourg im Département Moselle musste, also weit gegen die Saarquelle hin, da ahnte er schon, dass seine Katze Misele ihn besuchen wollte. Aber wie überrascht war er, als einige Tage später das Tier, jede Besuchszeiten ignorierend, an seinem Krankenbett auftauchte. Es war von dem kleinen Bauernhof mit Hühnern und Katzen durch Steinbrüche, Felder und Wälder geeilt, um seinem 82-jährigen Besitzer beizustehen. „Na, da bist du ja", soll Bodry gesagt haben, als Misele auftauchte.[24]
Bleiben nur noch die Geschichten von der Kuh mit ihrem Straußenmagen und dem rasenden Papagei. Die Kuh lebte im August 1894 in Saargemünd.

> *Herr B. von hier verkaufte eine Kuh, der Käufer führte dieselbe zur Schlachtbank; als man den Magen öffnete, befanden sich darin nicht weniger als 16, zum Theil recht ansehnliche Steine, darunter eine scharfkantige Scherbe eines Selterkruges, etliche 20 Nägel, Drahtstifte, von denen einer in der Magenwand feststeckte, Münzen, Stecknadeln, Knochen, die sauber poliert aussahen, also wohl längere Zeit im Magen gelegen hatten u. s. w. Das Thier hat sich trotz dieser Fremdkörper ganz wohl befunden.*[25]

Der rasende Papagei kam 120 Jahre später, und etwas östlich der Bundeslandgrenzen. Im Mai 2016 erwischte eine Radarfalle der Polizeiinspektion Zweibrücken einen Verkehrsteilnehmer, der das Tempolimit von 30 km/h um ganze 13 Stundenkilometer überschritt. Der Temposünder war gestochen scharf abgelichtet – ein Halsbandsittich! Einganzer Schwarm davon lebt, wie an vielen anderen Orten Deutschlands, wild in einem Park in der Nähe. „Von wem das fällige Verwarnungsgeld in Höhe von 15 Euro entrichtet wird, steht derzeit noch nicht fest", notiert der Polizeibericht lakonisch.[26]

Der rasende Sittich auf der Aufnahme der Radarfalle.

9 — Menschliche Wunder und Kuriositäten

Vor der Erfindung von Kino und Fernsehen, ganz zu schweigen von sozialen Medien, unterhielten sich die Menschen mit Geschichten, oder sie betrachteten die weite Welt in Schaubuden und auf Jahrmärkten. Exotische Tiere wie Raubkatzen oder Seehunde kamen in Käfigen herbei, und Drahtseilartisten und Hungerkünstler erregten das Staunen der Zuschauer.

Hungerkünstler

„In den letzten Jahrzehnten", so schreibt Franz Kafka 1922 in einer Kurzgeschichte, „ist das Interesse an Hungerkünstlern sehr zurückgegangen. Während es sich früher gut lohnte, große derartige Vorführungen in eigener Regie zu veranstalten, ist dies heute völlig unmöglich. Es waren andere Zeiten. Damals beschäftigte sich die ganze Stadt mit dem Hungerkünstler; von Hungertag zu Hungertag stieg die Teilnahme; jeder wollte den Hungerkünstler zumindest einmal täglich sehn; an den spätern Tagen gab es Abonnenten, welche tagelang vor dem kleinen Gitterkäfig saßen; auch in der Nacht fanden Besichtigungen statt."
Heute sei die Kunst nicht mehr gefragt: „[N]un waren es besonders die Kinder, denen der Hungerkünstler gezeigt wurde; während er für die Erwachsenen oft nur ein Spaß war, an dem sie der Mode halber teilnahmen, sahen die Kinder staunend, mit offenem Mund, der Sicherheit halber einander bei der Hand haltend, zu, wie er bleich, im schwarzen Trikot, mit mächtig vortretenden Rippen, sogar einen Sessel verschmähend, auf hingestreutem Stroh saß, einmal höflich nickend, angestrengt lächelnd Fragen beantwortete, auch durch das Gitter den Arm streckte, um seine Magerkeit befühlen zu lassen, dann aber wieder ganz in sich selbst versank, um niemanden sich kümmerte, nicht einmal um den für ihn so wichtigen Schlag der Uhr, [...] sondern nur vor sich hinsah mit fast geschlossenen Augen und hie und da aus einem winzigen Gläschen Wasser nippte, um sich die Lippen zu feuchten."
In einer derartigen Atmosphäre der bereits allgemeinen Belustigung musste im April 1926 ein solcher Showkünstler in Mittelbexbach arbeiten. Dort ging

> *ein Mann eine Wette ein, dreißig Tage lang eine öffentliche Hungerkur durchzuführen. Nach drei Tagen jedoch zertrümmerte er den Glaskasten, entfloh von dannen und fiel wie ein Wahnsinniger über eine Menge Kar-*

toffelfutter her, das eine Nachbarin eben den Ziegen bringen wollte. Dem „Künstler" kann man den plötzlichen Abbruch der Fastenkur nicht verdenken, denn bei 1000 Franken, um die gewettet worden war, kann man bei der heutigen Valutakrise kaum mehr verlangen. Trotzalledem hat der wackere Magenakrobat naturgemäß die Wette glatt verloren. Es war auch sein Glück, denn bei längerer Fortführung des Unfuges wäre ihm mehr gesundheitlicher Schaden erwachsen als die ganze Geschichte wert war.[1]

... und ihr Gegenteil

Vom Gegenteil des Hungerkünstlers berichteten viele Blätter im Juli 1922:

Saarlouis, 11. Juli. (Pfui Teufel!) Das hier auf der Durchreise befindliche menschliche Phänomen H. Morton schloß mit der Aktienbrauerei Saarlouis eine Wette ab, 25 Liter Bier in acht Minuten auszutrinken. Der Preis betrug 1000 Franken – beim Kurse von 40 Mark, die Summe von 40 000 Mark. Die Wette wurde von Morton gewonnen: er trank am Freitag abend vor einer großen Zuschauermenge 100 Glas Bier und befand sich wie ein Zeitungsbericht meldet, wohl und munter dabei.[2]

Wundergeburten

Ohne Essen und Trinken lebt man nicht. Betrachten wir, nach diesen einleitenden Anekdoten, den gesamten Kreis des Lebens.

Da sind zunächst wundersame Geburten: Viel wird in Legenden erzählt von Babys, die schon gleich nach der Geburt sprechen konnten, aber ein solcher Fall wird vom Saarland nicht berichtet – es sei denn, eine kurze Notiz von 1875 über den Wunderglauben deutet darauf hin: „Die Madonnen in den Pflaumenbäumen erscheinen doch nur vereinzelt, der sprechende Säugling von Saarlouis sollte doch vorher wenigstens geboren sein."[3]

Man kennt jedoch definitiv eine Mutter, die zahlreichen Kindern das Leben schenkte! Jedenfalls entband im September 1965 eine 35-jährige Mutter in Neunkirchen Drillinge. Das wäre schon etwas Besonderes gewesen, doch die Frau hatte bereits 1960 Zwillinge geboren – und das waren nicht ihre ersten Kinder gewesen. Insgesamt 15 Kinder hatte die kleine Familie. „Neunkirchens Bürgermeister Frank und der Kreisbeigeordnete, Hun-

dertmark, so sein Name, überbrachten der jungen Mutter" und ihrem Ehemann, einem 38 Jahre alten Bauhilfsarbeiter, „je 500 Mark für die Erstausstattung." Und, zum Glück: „Mutter und Drillinge - drei Mädchen - sind wohlauf."[4]
Das war leider nicht so bei den Vierlingen, die im Juni 1936 in Saarlouis zur Welt kamen. Dort brachte eine Frau aus Pachten vier Kinder zur Welt, drei Jungen und ein Mädchen. Leider verstarben zwei der Jungen und das Mädchen noch am Tage ihrer Geburt.[5]

Wunderheilungen

Wunderheilungen ereignen sich nicht nur in Lourdes und Fatima. Dieses gütige Schicksal kann überall zuschlagen.
Im ersten Fall wurde sozusagen ein Verstorbener wieder lebendig. Eine Frau aus Dudweiler glaubte ihren Mann Johann Schmelzer verloren, der im Deutsch-Französischen Krieg von 1870/1871 verschollen war. Der gab aber, 19 Jahre später, unerwartet ein Lebenszeichen von sich, „indem er vor einigen Tagen aus Algier an seine Frau ein Schreiben richtete."[6]
Leider war mehr über diese Geschichte nicht zu erfahren - hatte sich der Mann abgesetzt und wurde nun von der Reue gepackt, hatte man ihn gegen seinen Willen nach Nordafrika gebracht? Kehrte er jemals heim oder blieb er in der Fremde?
Die moderne Medizin erwirkte andere „Wunderheilungen". Ein preußischer Soldat, 1891 pensioniert und im Dudweiler ansässig, der 62-jährige Markscheider Kirchberg, hatte am 20. Juni 1849 im Gefecht von Waghäusel gegen die badischen Aufständischen eine Kugel ins rechte Oberbein erhalten. Die Ärzte flickten ihn nach der Niederschlagung der Demokraten wieder zusammen, vermochten die Flintenkugel aber nicht zu entfernen.

> *Dieselbe verursachte Herrn Kirchberg im Laufe der Jahre große Schmerzen, die zuletzt so unerträglich wurden, daß er nur von einer Operation Erlösung hoffte. Die Operation wurde vor einigen Tagen von Herrn Dr. Müller von St. Johann ausgeführt. Die Kugel, die manche Wanderung im Bein nach unten und dann wieder aufwärts gemacht hat, wurde am Hüftknochen aufgefunden und beseitigt. Das Geschoß, welches 42 Jahre im Körper gewesen ist, hat einen Durchmesser von 17mm, ein Gewicht von 25gr und zeigt eine zerhackte Oberfläche. Die Ausständischen bedienten sich derartiger Kugeln, um womöglich tödliche Verwundungen zu bewirken. Es ist alle Hoffnung vorhanden, daß Kirchberg völlig geheilt wird.*[7]

Im Ton der Zeitungsmeldung klingt noch die Propaganda der Preußen gegen die unruhigen süddeutschen Untertanen mit. An einer ganz anderen chronischen Erkrankung litt die 13-jährige Tochter des Bergmanns Krämer in Saarbrücken. 1900 fiel sie in einen tiefen Schlaf, aus dem sie erst Anfang 1902 wieder erwachte.

> *Mit dem eigenartigen Zustand dieses Mädchens [...] beschäftigten sich damals zahlreiche medizinische Autoritäten. Nachdem das Kind bereits ein Jahr in diesem ununterbrochenen Schlafe im elterlichen Hause gelegen hatte, wurde es in die Irrenanstalt Merzig verbracht, wo es weitere 6 Monate schlafend verbrachte. Da der Mund der Krämer selbst unter Anwendung von Gewalt nicht zu öffnen war, mußte dem bedauernswerten Geschöpf die Nahrung durch die Nase zugeführt werden. Vor ungefähr zwei Monaten ist die Krämer nun zum Bewußtsein gekommen, doch war ihr Gedächtnis derart geschwunden, daß ein weiterer Aufenthalt in der Merziger Anstalt am Platze erschien. Nachdem nach ferneren zwei Monaten nunmehr das Erinnerungsvermögen größtenteils wieder zurückgekehrt und der Krämer das während des Dauerschlafes über die Zähne gewachsene Zahnfleisch entfernt worden ist, konnte das Mädchen dieser Tage, laut der „Tr. Ztg.", als geheilt entlassen werden. Gegenwärtig befindet sich die einst so viel Bewunderte bei ihren Großeltern im benachbarten Dudweiler.*[8]

Dass Menschen die Sprache verlieren, das kennt man von Schlaganfällen. Zuweilen war es eine Folge erlittener Traumata im Ersten Weltkrieg. Von zwei Heilungen solcher Sprachlosigkeit wird aus dem Saarland berichtet, einmal mit und einmal ohne ärztliches Zutun. Zuerst die wunderbare Heilung.

Sie betraf einen Beamten der Stadtschulinspektion, der „infolge eines Schrecks vor 2½ Jahren" urplötzlich die Sprache verlor. Trotz intensiver Bemühung konnten ihm die Ärzte nicht helfen, er verständigte sich durch Zeichen oder Notizzettel. Die wunderbare Heilung erfolgte am 15. Juli 1912 durch Musik: „Vorgesten abend sang nun die Tochter des Mannes ein Lied, das der Mann unwillkürlich mitzusummen versuchte, und dabei gab zum Erstaunen der Familienangehörigen der Mund seit 2½ Jahren den ersten sprachlichen Laut wieder von sich. Selbst überrascht versuchte der Mann nun zu sprechen, und es gelang. Das Sprechvermögen besserte sich zusehends."[9]

Eine andere Stummheit kurierten die Ärzte. Ein 23-jähriger Soldat aus Niederwürzbach namens Rabung wurde im Ersten Weltkrieg im Gefecht in Flandern verschüttet und verlor durch die traumatische Erfahrung Sprache und Gehör. Wenigstens zwei Jahre lang war er taubstumm, dann stellte sich allmählich die Sprache wieder ein, die Taubheit aber blieb. „Vor kurzem unterzog sich der Mann neuerdings in einem hiesigen Lazarett einer ärztlichen Untersuchung und einem Heilverfahren. Dieses hatte einen überraschenden Erfolg. Kurz nach Anwendung des Heilmittels (Elektrizität) erwachte bei dem Kranken plötzlich das Gehörvermögen wieder. Freudig überrascht und gerührt drückte der so plötzlich Geheilte dankbar den Aerzten die Hand."[10]

Gewitzt wie ein Schlitzohr!

Ärzte helfen, Kriminelle schaden. Die menschliche Erfindungsgabe kennt keine Grenzen, wenn es darum geht, Mitmenschen um ihren Besitz zu erleichtern. Und manche Tat ist so bizarr, dass sie schon wieder unerklärlich scheint!

Was soll man von Einbrechern halten, die in ein Gefängnis einsteigen, um sich zu bereichern? So geschehen in Ottweiler im Februar 1896. In das dortige Kantonsgefängnis kletterten bei einem „überaus verwegenen Einbruchsdiebstahl" Diebe über die Mauer, kamen dann mittels einer eigens mitgebrachten Leiter in den Gefängnishof und brachen in die Diensträume des Gefangenenaufsehers Becker ein. Ihre Beute: 326 Mark in bar, Uhren und Schmucksachen im Wert von über 1000 Mark – damals eine gewaltige Summe. Es waren clevere Diebe, denn sie entwendeten zudem den Schlüssel zum Gefängnistor und nahmen beim Verlassen des Gebäudes auch die Leiter wieder mit.[11]

Welche Ausrede hätten sie wohl vorgebracht, hätte man sie erwischt? An Ausreden verlegen sind Kriminelle selten. So hatte ein ungeduldiger Jäger am 15. Mai 1906 bei Ottweiler einen Rehbock geschossen. Nach dem Wildschongesetz vom 14. Juli 1904 dauerte die Schonzeit für Rehböcke aber vom 1. Januar bis 15. Mai. Welche Ausrede machte der Waidmann geltend? Er „habe geglaubt, daß der 15. Mai nicht mehr zur Schonzeit gehöre." Schließlich hätten ihm das ein Richter und das Landratsamt so versichert. Die Juristen waren anderer Meinung: „Das Landgericht hat ihn aber zu einer Geldstrafe verurteilt, weil der 15. Mai nach dem Gesetz noch zur Schonzeit gehöre, und das Kammergericht hat diese Entscheidung bestätigt."[12]

Eine andere Art der Verstellung und Ausnutzung der Amtshörigkeit nutzten zwei Viehdiebe in Ottweiler im September 1912.

> *Dort machten sich zwei Gauner die Anwesenheit der dort einquartierten Ulanen zu Nutze und verschafften sich auf unaufgeklärte Weise zwei Uniformen des Regiments. Damit bekleidet, gingen sie dann nachts zu einem*

> *Bauern, in dessen Stall ein Offizierspferd untergebracht war und verlangten die Herausgabe des Pferdes mit der Begründung, der Herr Leutnant müsse noch in der Nacht einen Recogniszierungsritt unternehmen. Darauf ließ der Bauer die vermeintlichen Ulanen mit dem Pferd abziehen. Als am andern Morgen dann der „wirkliche" Bursche des Leutnants kam, klärte sich der Sachverhalt auf.*[13]

Es geht auch einfacher. Aus Kirkel-Neuhäusel (damals noch Pfalz) trieb ein Schäfer im April 1923 einfach eine fremde Herde über die Grenze ins Saarland. „Für die Wiederbeschaffung der Schafe ist eine Belohnung von einer Million Mark ausgeworfen worden."[14] Da könnte man schon fast von einem „spurlosen Verschwinden" sprechen, denn dass ein Schäfer der Schuldige war, wurde wohl bloß schlussgefolgert. Dass manch Unerklärliches eher unerwartete Erklärungen findet, bestätigt der folgende Bericht, der fast nach einer „spontanen menschlichen Selbstentzündung" klingt, weil ein Schuljunge bei der Prügelstrafe durch den Lehrer urplötzlich zu explodieren schien. Man kann nur hoffen, dass es dem prügelnden Pädagogen eine Lehre war!

> *In der Volksschule zu Altenwald an der Saar, so schreibt man den„Münch. N. N.", legte der Lehrer einen Jungen übers Knie, um ihn zu versohlen, als zum größten Schrecken des Pädagogen der Sträfling plötzlich in Rauch und Flammen aufging. Auch die zuerst so schadenfrohen Gesichter der Mitschüler wurden käsweis. Nach rasch erfolgter Löschung der Feuersäule fragte der Lehrer aufatmend, wie denn das zugehen konnte, worauf der Delinquent leise und mit tränenerstickter Stimme, aber ganz treuherzig erwiderte: „Herr Lehrer, ich han e Krott (Feuerwerksfrosch) in Jubbesack.*[15]

Absurde Gesetze

Wo wir gerade bei unangemessener Bestrafung sind. Bücher über sinnlose Gesetze, die die Absurdität menschlichen Verhaltens aufzeigen, sind zu Bestsellern geworden. Was in den Vereinigten Staaten gang und gäbe ist, kann auch bei uns vorkommen. Wie wäre es mit dem „polizeilichen Kussverbot", das die Polizeiverwaltung von Oberkirchen im Kreis St. Wendel im Juni 1910 erließ? Es verlautete amtlich:

In einigen Orten wird gelegentlich der Abhaltung von Tanzlustbarkeiten der sogenannte Küssetanz abgehalten. Es ist dies ein Tanz, wo sich Frauen und Mädchen öffentlich abküssen lassen müssen. Da dieses gegen die guten Sitten verstößt, ersuche ich den Tanz nicht mehr zuzulassen Die Ausführung wird polizeilich überwacht. Polizeiverwaltung Oberkirchen-St. Wendel. Hartung.

„Erst wird die Küsserei verboten. Dann wird ‚die Ausführung polizeilich überwacht.' Wie reimt sich das zusammen", fragte sich die Presse schmunzelnd. „Und muß der Polizist nun über sämtliche ausgeteilten Küsse Buch führen? Oder hat er vielleicht seine gereckte, flache Hand vor die bedrohten Lippen der Frauen und Mädchen zu halten? Oder gilt schließlich das Lippenspitzen der Männer als Widerstand gegen die Staatsgewalt? Man sieht, es ist dringend nötig, daß der moralische Polizeiverwalter von Oberkirchen-St. Wendel genaueste Ausführungsbestimmungen seines Antikuss-Erlasses bekanntgibt."[16]

Spurlos verschwunden?

Ältere Leser erinnern sich sicher noch an die Aufregung um das Bermuda-Dreieck in den späten 1970er-Jahren – dort sollten sich Schiffe, Flugzeuge und Taucher in Luft auflösen. Sicher kennt die Kriminalgeschichte des Saarlandes einige Fälle von spurlos verschwundenen Menschen. Ein Fall vom Ende November 1880 ist allerdings besonders tragisch.
Am 20. November 1880 machte sich der pensionierte Bergmann M. K. aus Bubach im Landkreis Neunkirchen auf, um sich Arbeit zu suchen – die Pension kann also hinten und vorne nicht ausgereicht haben. Er kam bis Riegelsberg und machte dann kehrt – über mögliche Erfolge seiner Suche wird nichts berichtet. Jedenfalls wurde er um 15 Uhr noch in Habach gesehen, rund zwei Kilometer Luftlinie von Bubach (heute sind beides Ortsteile von Eppelbach). Dann verlor sich seine Spur.
Als ihr Mann einfach nicht wiederkehrte, begab sich die Ehefrau am 25. November zum Bürgermeisteramt Eppelborn und meldete den Gatten als verschwunden. Das Amt schickte einen Beamten mit Schelle nach Bubach und Eppelborn, um dort auszurufen, dass der Bergmann vermisst war und dass sich alle melden sollten, die etwas über ihn wussten.

Einer der suchenden Männer entdeckte nun unversehens etwa 1000 Schritte vom Orte Bubach entfernt, auf der glatten Oberfläche des Schnees eine wellenförmige Erhebung und stieß mit seinem Stocke bei 18 Zoll Tiefe auf einen harten Gegenstand; bei weiterer Untersuchung förderte er eine Mütze und schließlich den erstarrten Leichnam des Verunglückten zu Tage. Derselbe hatte angesichts des Dorfes und seiner Wohnung durch Erschöpfung und Erfrieren den Tod in den kolossalen Schneemassen gefunden. Der Verunglückte hinterläßt eine mittellose Wittwe mit drei unerwachsenen Kindern.[17]

Sagen werden wahr

Es gibt unzählige „moderne Mythen" wie die von der alten Geige auf dem Dachboden, die sich als wertvolle Stradivari entpuppt, vom Lottoschein, der die sechs richtigen Zahlen anzeigt und gerade an dieser Woche nicht abgegeben wurde oder auch die vom Ring, der – ins Meer oder einen Fluss geworfen – im Bauch des am Tag darauf verzehrten Fisches wieder auftaucht. Friedrich Schillers Ballade „Der Ring des Polykrates" erzählt davon nach antiken Vorbildern.
Es ist eine beliebte Geschichte – und zuweilen wird sie wahr. Nicht immer muss ein Fisch der Überbringer sein, manchmal steckt der Ring an einer Karotte oder wird im Garten ausgegraben. Etwa im September 1925, als die Zeitungen einmal wieder die „Geschichte eines Trauringes" meldeten.

Im Jahre 1888 hat sich ein Metzgermeister von St. Ingbert in Mimbach verheiratet und hat im selben Jahr dort seinen Trauring verloren. Die Eheleute kamen dann von Mimbach fort und dachten wohl nicht daran, daß eines Tages sich der Ring noch einmal vorfinden würde. Das Anwesen, worauf der Ring verloren ging, hat seinen Besitzer gewechselt, 37 Jahre lang wurde der Garten bebaut und jetzt hat der Eigentümer beim Umgraben den Ehering gefunden. Die eingravierten Buchstaben und die Jahreszahl ließen ihn nachforschen, wer zu dieser Zeit dort gewohnt hat. Man kam auf den Metzger in St. Ingbert. Der Ring war noch sehr gut erhalten.[18]

Und, leicht variiert und noch geheimnisvoller, im Februar 1896 aus Dudweiler:

Vor 23 Jahren heirathete der Bergmann Heinrich Poller von hier. Seiner Ehefrau kam der Trauring bald nachher in Verlust. Sie glaubte denselben verloren zu haben und verwandte anfänglich viel Zeit zum Suchen des Rin-

> *ges. In dieser Woche traf nun ein Brief an den Bergmann Poller ein, in welchem sich der vor 23 Jahren abhanden gekommene Trauring befand. Ein Schreiben lag dem Ring nicht bei. Gestempelt war der Brief mit Bahnpost 10, muß also auf der Strecke Saargemünd-Köln in den Bahnpostkasten gelegt worden sein; auf welcher Station wird wohl nie konstatirt werden können. Der Ring hat das Aussehen, als wenn er seitdem nicht getragen worden wäre.*[19]

Nicht nur Ringe kehren zurück. 1870 wurde einem Bauern aus Dudweiler in der Nähe von Rezonville bei Metz 500 Mark gestohlen. „Am Mittwoch voriger Woche erhielt der 1870 Bestohlene den Besuch eines katholischen Geistlichen, der dem Manne den Betrag von 1500 Mk. auszahlte als Ersatz für das ihm 1870 gestohlene Geld."[20]
Selbst die Erzählung von der Geige, die gerade noch rechtzeitig als Stradivari erkannt wird, bevor sie im Müll landet, wird in einer Variante an der Saar erzählt, dieses Mal aus Merzig (es kann nicht immer nur Dudweiler sein). Am 6. November 1893 fand in Merzig die Versteigerung des Nachlasses eines jüdischen Gelehrten aus Brotdorf statt,

> *wobei auch ein verstaubtes Oelgemälde, welches man auf dem Speicher versteckt gefunden hatte, ausgeboten wurde. Anfangs erfolgte kein Gebot, schließlich wurde es von einem Merziger Einwohner zu 3,10 Mark erstanden. Ein zufällig in Merzig weilender Fremder, welcher von dem Gemälde Kunde bekam, nahm dasselbe in Augenschein und erkannte bald, daß es ein werthvolles Kunstwerk war, eine Darstellung aus dem Alten Testament. Bei näherer Besichtigung fand man den Namen des berühmten Malers van Dyk auf dem Gemälde. Der Fremde bot sofort 300 Mark, erhielt aber das Kunstwerk nicht dafür, da der Ansteigerer dasselbe auf seine Aechtheit prüfen lassen will.*[21]

Vor einer Epidemie, bei der Kinder zu Mördern werden, berichtete die neuseeländische Zeitung „Geymouth Evening Star" am 26. November 1927: „Im ersten Fall, der sich im Saargebiet ereignete, war der Mörder der Sohn eines Bergmanns und erst 11 Jahre alt. Vom Fenster aus wurde er Zeuge eines Streits zwischen seiner Mutter und einem älteren Arbeiter, der sie schließlich schlug. Der Junge holte sofort den Revolver seines Vaters und schoss mit solcher Präzision auf den Angreifer seiner Mutter, dass der Mann bald darauf starb."

A strange epidemic of murders by boys of between ten and twelve broke out in Germany recently.

The most recent case occurred at Roitzsch, between Leipzig and Bitterfeld. A miner had just returned from his work when his 12-year-old son approached him stealthily from behind and plunged a butcher's knife into his back with such force that the point of the weapon came out through his chest.

The wounded man died shortly after reaching hospital. The boy ran away, but was soon caught. In the village th dead man had a very good reputation. There were dissensions in the family, but report lays the responsibility for them on the wife.

This was the third case of its kind in Germany within as many weeks. In the first, which occurred in the Saar region, the slayer was also a miner's son and only 11 years of age.

From a window he was the witness of an altercation between his mother and an elderly workman, who ultimately struck her.

The boy immediately fetched his father's revolver and fired at his mother's assailant with such accuracy that the man expired very soon afterwards.

In all probability two later murders by boys of this age were cases of the "mimicry of crime."

Unheimliches und Bizarres zum Tod

Beginnen wir diesen Abschnitt mit ein paar guten Nachrichten. Auch früher schon konnten Menschen sehr alt werden und dabei jung bleiben. Im März 1865 starb in Saarlouis der frühere Handelsmann Jakob Brach im stolzen Alter von 102 Jahren und sechs Monaten. Und sein Rezept für die Langlebigkeit glich dem, was auch moderne Hochbetagte immer wieder sagen – er blieb agil und optimistisch. „Wenn Beweglichkeit, Unverdrossenheit und stets gleichbleibende heitere Laune das Leben verlängern, so besaß er diese Eigenschaften im höchsten Grade." Ihm war zwar vor wenigen Wochen etwas unwohl gewesen, doch gleich darauf besuchte er „das Kaffeehaus und scherzte in seiner gewohnten, von jugendlichen Bewegungen begleiteten Weise, daß er nochmals auf 5 Jahre capitulirt habe, die Genehmigung sei aber noch nicht eingetroffen." Und sie traf nicht ein, denn er starb bald darauf.[22]

Die älteste Saarländerin war im Dezember 1943 die Witwe Angela Temmes, die damals in Rehlingen ihren 100. Geburtstag beging, aber drei Monate später meldeten die Zeitungen Anfang Februar 1944 ihren Tod.[23] Im September 1958 starb die zu diesem Zeitpunkt älteste Saarländerin, die 101 Jahre alte Margarete Müller in Beckingen.[24] Die älteste derzeit bekannte Saarländerin stammt aus Saarbrücken und wurde im Oktober 2022 110 Jahre alt![25] Langlebigkeit ist genetisch veranlagt und hängt auch ein bisschen von einem gesunden Lebenswandel und der richtigen geistigen Einstellung ab. Plötzliche und viel zu frühe Tode aber sind für die Angehörigen eine Tragödie und lassen sich oftmals nicht so leicht erklären. Welche psychologischen Kräfte waren beispielsweise für den Tod eines elf Jahre alten Knaben in Schiffweiler südlich von Ottweiler verantwortlich? Er besuchte die dortige Volksschule, als sich im Juli 1882 etwas Unfassbares ereignete:

> *Ein frischer und munterer, geweckter Knabe von 11 Jahren hatte eben eine ihm gestellte Frage richtig zu voller Zufriedenheit seines Lehrers beantwortet und wollte sich niedersetzen, als derselbe plötzlich erblaßte, einen Seufzer ausstieß und zusammenbrach. Als der Lehrer hinzu sprang und den Knaben aufhob, hielt er nach einigen Minuten eine Leiche in den Armen. Die arme Mutter des Kindes war im Felde bei der Erntearbeit, als ihr die erschütternde Nachricht mitgetheilt wurde.*[26]

Immer wieder kommen Menschen unerklärlich zu Tode. So starben bei Saarburg im Oktober 1897 drei Mädchen, die jeweils in ein paar Tagen Abstand aus der Saar geborgen wurden. Man konnte nie sagen, ob ein Selbstmord oder ein Verbrechen vorlag. Das jüngste Opfer, kaum 15 Jahre alt, war wie die anderen Mädchen „nach einer im Kreise ihrer Freunde durchschwelgten Nacht" gestorben, „über ihren letzten Lebensstunden schwebt ein Dunkel, das bis jetzt noch nicht gelichtet werden konnte."[27] Eine zufällige Häufung, ein Serienmörder?

Und hatte der Mann, der am 23. September 1909 in St. Ingbert eines kuriosen Todes starb, etwa eine Vorahnung? Der Schmelzarbeiter Johann Mootsch kam angetrunken nach Hause, grölte „Morgenrot, leuchtest mir zum frühen Tod", fiel die Kellertreppe herab und blieb tot liegen.[28]

Andere Menschen beendeten ihr Leben auf eine Art und Weise, die gemeinhin nicht zum Tod führt: „Ein junger Mann", so hieß es am 15. Juli 1905 aus Saargemünd, „ließ sich hier in einer Wirtschaft ein besonders kaltes Getränk verabreichen; am Abend darauf starb er, nachdem er den ganzen Tag gräßliche Schmerzen ausgestanden hatte."[29]

Das klingt ein bisschen wie die Warnung an amerikanische Kinder, sie dürften eisgekühlte Getränke nicht auf einmal austrinken, weil sonst das Hirn gefriert – eines der wenigen Dinge, vor denen sich sogar Bart Simpson fürchtet. Auch andere seltsame Todes- und Unfallursachen klingen eher wie soziale Warnungen („so etwas tut man nicht, das hat schlimme Folgen!") denn authentische Berichte. So der achtlos weggeworfene Kirschkern, der mehrere Menschen verletzt. Von ihm war im Juni 1904 aus St. Johann die Rede. „Ein Offizier trat auf einen solchen Kern und glitt aus, wobei er zu Boden stürzte. Hierbei zerbrach sein Säbel und ein Bruchstück desselben drang ihm tief in den Oberschenkel."[30]
Weniger sozial konditioniert ist die Warnung, mit Feuerwaffen besonnen umzugehen. Über den „tödtlichen Ausgang eines Scherzes" berichteten die Blätter im Oktober 1890 aus Saargemünd. Nicht nur führt eine Verkettung von Umständen zum Tod eines Menschen, aus den Zeilen lässt sich leicht erschließen, wie roh der Umgang mit Behinderten damals noch war und was als „Scherz" galt:

> *Im Hofgut des Herrn Jaunez bei der benachbarten Gemeinde Wustweiler, machte gestern Abend eine Jagdgesellschaft Rast. Ein Mann aus Wurstweiler war auf dem Hofgut zu der angegebenen Zeit zufällig anwesend und hielt sich in der Nähe des Jagdwagens auf. Die Jagdgesellschaft hatte die Gewehre an der Mauer des Hofes aufgestellt. Sei es nun, um den erwähnten, angeblich geistig etwas beschränkten Mann in Furcht zu setzen, sei es auch aus einem andern Grunde, genug, der Kutscher ergriff eines der Gewehre und legte, in der Meinung, dasselbe sei entladen, auf den erwähnten unglücklichen Mann an. Kaum war dies geschehen, als auch schon der Schuß krachte und der Unglückliche mit zerschmettertem Kopfe todt zusammensank.*[31]

Tragische Zufälle haben schon viele Todesopfer gefordert. Ende Dezember 1933 wurde ein französischer Fliegeroffizier des in Nancy stationierten Luftgeschwaders unweit von Saargemünd von einem Sarg erschlagen. Der Unteroffizier saß in dem Kraftwagen einer Bestattungsgesellschaft, in dem der Sarg einer 80-jährigen Frau transportiert wurde. An einem Hang geriet das Auto ins Schleudern und prallte gegen einen Baum. „Durch den Anprall öffnete sich die hintere Tür des Wagens, die wiederum den Unteroffizier herausdrückte. Der Sarg fiel auf den Unglücklichen und drückte ihm den Brustkorb ein. Der Unteroffizier erlag bald darauf seine Verletzungen."[32]
In Ottweiler starb im Februar 1935 ein junger Mann aus Welschbach, der den Tag bis in die Dunkelheit hinein bei Freunden in Wemmetsweiler verbracht hatte. In der Finsternis kam

er wohl vom Weg ab und stürzte in einen Steinbruch. Dort fanden ihn spielende Kinder mehrere Tage später eingefroren in einem Tümpel.[33]

Verwechslung von Leichen

Noch schlimmer, als wenn ein Angehöriger unerwartet stirbt, ist die Verwechslung oder falsche Zuschreibung von Leichen – ein in Krimis und Thrillern gern genutzter Plot, der offenbar nicht nur vorkommt, wenn einem Autor nichts Besseres einfällt. „Das Leben ahmt die Kunst weit mehr nach als die Kunst das Leben", sagt man dazu mit Oscar Wilde.

Als im Winter 1899 in einem Wald bei Neunkirchen eine Leiche aufgefunden wurde, identifizierte die Frau eines Bergmanns in Uchtelfangen sie als ihren seit einiger Zeit verschwundenen Mann. Die Gerichtsbehörden ließen die Frau den Toten überführen, sie bestattete ihn und sparte an nichts. „Die Gewißheit, ihren Mann geborgen zu wissen, hielt indessen nicht lange an, denn eines Tages stellte sich heraus, daß nicht dieser, sondern ein Fremder beerdigt worden war. Jetzt reklamirt die Frau die ihr entstandenen Beerdigungskosten nebst allen möglichen Zuthaten für Bemühungen, entgangenen Lohn, Bewirtung der Verwandten." Aber sie blieb auf einem Großteil ihrer Ausgaben sitzen. „Der verpflichtete Armenverband hat sich bereit erklärt, etwa ein Fünftel der Kosten zu tragen, um die übrigen vier Fünftel will er sich nicht kümmern. Damit ist die gewesene Witwe nicht zufrieden, denn da sie ihren Mann nicht begraben hat, will sie auch keinen der so bereitwillig ausgewendeten Groschen entbehren." Als die Presse Wind von der eigentlich ja tieftraurigen Posse erhielt, lag jeder bereits mit jedem im Streit: „Wenn alle Stricke reißen, will sie die Gerichtsbehörde zivilrechtlich belangen, weil diese ihr die Leiche überwiesen habe. Aber auch der Gemeinderat von Uchtelfangen ist mit der Angelegenheit nicht zufrieden, denn er verlangt die Entfernung der Leiche." Und, so lautete das Resümee der Presse: Die eigenartige Angelegenheit „beschäftigt zurzeit die hiesigen Verwaltungsbehörden und wird voraussichtlich auch noch den Zivilrichter beschäftigen".[34]

Ähnlich tragisch verlief die Leichenverwechslung von Alsweiler im Februar 1907:

> *Eine Familie von hier hatte einen Sohn, der bei dem Unglück zu Grube Reden den Tod gefunden hat. Der Leichnam desselben war jedoch derart verbrannt, daß eine genaue Identifizierung nicht mehr erfolgen konnte. Es genügte deshalb der Glaube, den richtigen Toten zu haben. Als die Leiche jedoch aufgebahrt war, kam ein Mann von auswärts und stellte fest, daß der Leichnam sein Sohn war. Er erkannte ihn an dem teilweise künstlichen*

Gebiß. Später stellte sich heraus, daß der Sohn der hiesigen Familie bereits in Gonnesweiler in Birkenfeld beerdigt worden war. Nachdem dort die Beerdigung schon vorüber war, kam die Nachricht, daß man einen unrichtigen begraben hatte. Der erste wurde nun wieder herausgegraben und auf dem hiesigen Friedhof bestattet.[35]

Die wunderbare Erbschaft

Der reiche Onkel in Amerika, von dem man nichts weiß, der aber bei seinem Tode einen wahren Geldregen über die arme Verwandtschaft in Deutschland ausgießt, ist ein weiterer literarischer Topos. Aber einer, an den viele Menschen fest glaubten.
So verbreitete sich im März 1886 in Saarbrücken das Gerücht, eine Verwandte der Familie Stein sei in London zu dem doch beträchtlichen Vermögen von 3½ Millionen Mark gekommen und sei nun ohne Erben gestorben. Die Familie wandte sich an das Deutsche Konsulat in der britischen Hauptstadt, um Näheres zu erfahren – und sicherlich nur Gutes. Doch das geschah nicht – das Leben ist kein Film mit garantiertem Happy End. Der Kaiserliche General-Konsul ließ über einen Herrn Jordan ausrichten:

Auf die gefällige Zuschrift vom 16. d. M. erwidere ich Euer Wohlgeboren ergebenst, daß mir über den Nachlaß einer unverehelichten Stein, Tochter eines aus der Rheinprovinz nach England ausgewanderten Jakob Stein, nichts bekannt ist. So weit sich von hier übersehen läßt, beziehen die von Ihnen erwähnten Zeitungsnachrichten sich auf den Nachlaß einer Frau Harriet Wilson, welche die Tochter eines aus der Provinz Hannover gebürtigen Dr. Heinrich Stein gewesen und im December 1884 ohne Hinterlassung eines Testaments zu Long Newton, Darlington, verstorben ist. Die Hinterlassenschaft derselben soll sich auf ungefähr 800 Pfd. St. (16,000 M.) belaufen. Ansprüche auf dieselbe müssen durch einen hiesigen Anwalt angemeldet werden. Indem ich ergebenst bemerke, daß sich bereits eine große Anzahl von angeblich Erbberechtigten gemeldet hat, mache ich Ihnen, für den Fall, daß Sie weitere Schritte in der Angelegenheit zu thun beabsichtigen sollten, als Anwälte, an welche Sie sich wenden können, die Herren Goldberg und Langdon hierselbst, 1 West-Street E. C. namhaft. Dieselben sind mit der Sachlage vertraut, auch kann mit ihnen in deutscher Sprache correspondirt werden.[36]

Doch Geschichte wiederholt sich. Da wurde 1905 aus „St. Ingbert (Bayern)" gemeldet:

> *Eine verjährte Millionenerbschaft. In der Gegend von St. Ingbert (Bayern) hofften zahlreiche Familien auf eine Millionenerbschaft aus dem Nachlaß eines schon lange verstorbenen holländischen Generals Wirtz, der aus der St. Ingberter Gegend stammen soll. Diesen Hoffnungen hat nun das Kaiserlich-Deutsche Generalkonsulat für Holland ein jähes Ende bereitet, indem es mitteilte, daß die Erbschaft verjährt sei und daher nicht ausbezahlt werde.*[37]

Und es geht auch umgekehrt:

> *Die Erbschaft des Verschollenen. Vor kurzem kehrte der jetzt 71 Jahre alte Ackerer und Ziegeleiarbeiter Jakob Dawo aus Ommersheim, Bezirk St. Ingbert, aus Amerika zurück, wo er sich ununterbrochen vierzig Jahre aufgehalten hatte. Groß war das Erstaunen des völlig mittellosen Greises, als er hörte, daß ihn inzwischen seine Brüder gerichtlich für tot erklären ließen und über sein Erbteil von 4000 Mark verfügt hatten. Der alte Mann will nun den Beweis führen, daß er seinen Brüdern von Zeit zu Zeit von seinem amerikanischen Wohnorte aus Briefe geschrieben habe und daß diese also wußten, daß er noch am Leben sei. Wenn ihm dies gelingen sollte, müßte dem angeblich Verschollenen sein Erbteil wiederwerden, vorausgesetzt, daß die Geschwister noch etwas davon hinter sich haben. Vor allem aber müßte die gerichtliche Todeserklärung wieder rückgängig gemacht werden.*[38]

Und es geht sogar mit Happy End:

> *(Die amerikanische Erbschaft.) Vor etwa 100 Jahren zog ein armer Mann mit Namen Spang aus Neukirchen [gemeint ist wohl Neunkirchen], Kreis Merzig, mit vielen andern Rheinländern nach dem Glücksland Amerika. Vor mehreren Jahren wurde nun eine Familie Spang zwecks Antretung einer großen amerikanischen Erbschaft gesucht. Der ausgewanderte Spang sei in Amerika ein reicher Fabrikherr geworden und habe seiner deutschen Verwandschaft mehrere Hundert Millionen Mark hinterlassen. Es blieben aber alle Bemühungen um die Erbschaft erfolglos. Da nahm noch einmal ein Lehrer Spang aus Krefeld, Kreis Merzig, die Sache in die Hand. Er reiste*

nach Amerika und erwarb sich dort zunächst einen tüchtigen Anwalt. Das deutsche Konsulat unterstützte ihn. Ein verwandter Professor aus Köln war ihm gleichfalls behilflich. Die Bemühungen hatten Erfolg. Amtlich wurde nun dem Lehrer gemeldet, daß der Verwandschaft 2 300 000 Mk. zufielen. Die Summe verteile sich unter vier Hauptfamilien und würde endgiltig in 92 Teilen den Erbberechtigten zufallen. Fast alle Erben sind Bergleute, die in den Kreisen Saarbrücken, Saarlouis und Merzig wohnen.[39]

Kuriose Thesen

Geburt, Krankheit, Tod und Erbschaft – alle Stationen des Lebens bieten reichlich Anlass für kuriose, unerwartete und manchmal unerklärliche Ereignisse. Ist denn vielleicht unsere gesamte Vorstellung vom Menschen an sich falsch?

Das glaubte zumindest der Arzt Dr. med. Emil König aus Mittelbexbach, damals noch in der Pfalz. Zu Anfang des 20. Jahrhunderts veröffentlichte er das Buch „Was ist ein Organismus?" sowie einen Aufsatz im „Leipziger Tageblatt", die auf eine umfassende ... wie soll man es sagen? ... nicht Zustimmung, sondern Heiterkeit stießen.

Emil König: Wie ist das Leben entstanden? (1907)

„Man wird ihm in Mittel-Bexbach demnächst ein Denkmal setzen, etwa einen kugelförmigen Obelisken, eine kugelförmige Pyramide", spottete Arnold Höllriegel am 15. März 19012 im „Berliner Tageblatt".
Und er zitiert einige Ausführungen des gelehrten Mannes:

> *Die Oberfläche unserer Erde, die ihrerseits selbst eine Kugel ist, finden wir wieder mit zahllosen Kugeln besät, teils an den Boden fixiert, teils sich frei bewegend. Das sind die Körper des Lebens. Denn alle Lebewesen, von der niedrigen Alge bis zum mächtigen Eichbaum, vom einfachen Bazillus bis hinauf zum hochentwickelten Menschen sind Kugeln.*

Auch Menschen sind Kugeln:

> *Die Masse eines Körpers, der eine eigene, von der Umgebung unabhängige Wärme in sich hat, befindet sich in einem dauernden Spannungszustand und hat das Bestreben, sich nach allen Seiten hin gleichmäßig zu spannen, d. h. die Kugelgestalt einzunehmen. Und ein solcher Körper ist auch wirklich eine Kugel, falls seine Masse in sich gleichartig ist und er nicht durch eine Hemmung von innen oder einen Widerstand von außen daran gehindert wird. Weil also die Lebewesen Eigenwärme besitzen, sind sie Kugeln. Aber sie sind es nur grundsätzlich. Denn in Wirklichkeit finden wir heute kein Lebewesen, das die reine Kugelgestalt aufweist. Vor allem ist den Lebewesen die Kugelgestalt genommen worden durch ihre Entwicklung, d. h. durch die zahlreichen Veränderungen, die sie seit ihrem ersten Auftreten auf der Erde erfahren haben. Wären sie noch in ihrem Urzustand, so wären sie wie in allem auch in der Form noch einfach. Die einfachste Form aber ist die Kugel. So aber hat sich ihre Körpermasse in sich immer mehr differenziert, bei den Tieren z. B. in Muskeln, in Nerven, in Knochen, Gefäße, Drüsen usw. Mit der Ausbildung dieser Organe wurden jeweils Hemmungen in die Masse des Körpers gelegt, die, durch Generationen vererbt, heute dem Körper nicht gestatten, seine grundsätzliche Form, die Kugelgestalt, einzunehmen.*

Denn:

> *Aehnliche Rückbildungen finden wir vor allem bei Tierarten, die im Uebergang vom Land- zum Wasserleben begriffen sind. Man betrachte nur die*

> *Beine der Robben, Wale u. a. Allerdings geht hier mit der Rückbildung meist gleichzeitig eine Umwandlung der Extremitäten zu Flossen vor sich: allein, was bei diesen Tieren recht deutlich in die Augen fällt, das ist die starke Neigung des ganzen Körpers zur Rundung.*

Verschnupft reagierte die Fachwelt. Die besprach das Bändchen mit vernichtender Kritik, nicht ohne anzumerken:

> *Es läge nicht der geringste Grund, ja nicht einmal die kleinste Berechtigung vor, dieses Elaborat in den Spalten eines ernsten Blattes überhaupt der Kritik zu unterziehen, wenn nicht der Verfasser sich in seinem Vorwort an die grosse Allgemeinheit wendete und sich so ein Publicum schüfe, auf welches in seiner Kritiklosigkeit die Auseinandersetzungen des Verfassers unter Umständen Eindruck machen und hierdurch Schaden stiften könnten.* [40]

Zumindest aber war der gute Herr Doktor ein Querkopf, und an solch originellen Köpfen mangelt es ja manchmal. Und machen Männer beim Älterwerden nicht oft die kuriose Feststellung, dass sich ihr Bauch immer kugelförmiger gestaltet? Vielleicht hatte dieser Dr. König doch recht!

Und was ist von zwei Forschern aus Saarbrücken zu halten? Dr. Siegnor Lang, immerhin Akademischer Rat im Fachbereich Biologie der Universität des Saarlandes, und Michael Lehmair, ebenfalls vom Fachbereich Biologie der Universität, setzten Schüler 1976 in St. Ingbert einem künstlich erzeugten elektrischen Feld von 1 bis 100 Hz aus, dann wurden mehrere Monate lang Konzentrations- und Belastungstest durchgeführt. Von 54 Versuchspersonen schnitten 53 unter dem elektrischen Feld besser ab als eine Kontrollgruppe, bei Leistungstests gaben 50 der 54 Versuchsschüler drastisch bessere Ergebnisse ab. Auch das subjektive Wohlbefinden verbesserte sich und gegen Schulschwänzer wirkten die „elektroklimatisierten" Schulräume ebenfalls – die Schwänzerquote lag um 33 Prozent niedriger als in Vergleichsklassen ohne Bestrahlung. Eine Zeitung schlussfolgerte: „Anlagen zur Erzeugung künstlicher Felder – sie werden derzeit bereits angeboten – könnten das Geschäft der Zukunft werden."

Der Zukunft von 1976, wohlweißlich, denn heute sorgen sich die Menschen eher des Elektrosmogs wegen (was sie nicht von der Nutzung der Funktelefone, der Computer und des Fernsehens abhält). Es gibt aber keine Lobby mehr für die positiven Wirkungen von elektrischer Strahlung, und die Entdeckung der beiden Akademiker fand praktisch keinen Widerhall.[41]

10 — Von Leys und Raumfahrern – umstrittene archäologische Thesen

An vielen Orten Europas entdecken Laienforscher – oft, ohne sich ihrer Vorgänger bewusst zu sein –, dass alte Kultorte, megalithische Bauten, frühe Kirchen und Burgen sich scheinbar auf einer Landkarte mit langen geraden Linien verbinden lassen. Man nennt diese Linien heute, nach einem Begriff, die ihr englischer Erstbeschreiber Alfred Watkins in den 1920er-Jahren prägte, der sie für steinzeitliche Handelsrouten ansah, Leys, zuweilen auch Ley-Linien, dann aber mit der esoterisch aufgeladenen Bedeutung, dass auf den Linien geheimnisvolle Erdkräfte spürbar sind.
Watkins schilderte sein Linien-Netzwerk, dass er sich nachts durch Feuer erleuchtet vorstellte, sehr poetisch 1925 in seinem Buch „The Old Straight Track":

> *Stellen Sie sich eine Lichterkette vor, die sich, soweit das Auge reicht, über die Bergspitzen hinzieht und die hohen Plätze der Landschaft auf Graten, Hängen und Anhöhen miteinander verbindet. Visualisieren Sie dann eine Erhebung, einen runden Erdwall oder eine Baumgruppe, die auf diesem hohen Punkt gepflanzt wurde, und andere weithin sichtbare, vom Wasser umgebene Erhebungen im Tal. Dann große, aufrecht stehende Steine, die in Abständen hingestellt wurden, um den Weg zu bezeichnen, den tief eingeschnittenen Pfad auf einem zu einem Berggrat hinauf- oder zu einer Furt hinunterführenden Hang, der sich deutlich am Horizont abzeichnet. Auf einem Pass ist eine Straße, weithin als Kerbe sichtbar, tief in den höchsten Punkt des Berggrates eingeschnitten. Mancherorts deuteten Leuchtfeuer an den beiden Enden des Weges seinen Verlauf an. Am Weg angelegte Teiche oder zu glänzenden Flächen gestaute Flüsse spiegelten die traditionell wenigstens einmal im Jahr angezündeten Leuchtfeuer wider, um den Verlauf des Pfades deutlich erkennbar zu machen, all dies genau entlang der Sichtlinie. Das alles wurzelt nach wie vor tief im Geiste des heutigen Bauern, wenn er Ihnen sagt – obwohl es längst nicht mehr zutrifft –: Gehen Sie geradeaus.*[1]

In Deutschland war die Vorstellung solcher, mutmaßlich astronomisch ausgerichteter „heiliger Linien" einer der Grundpfeiler der Nazi-Vorgeschichtsideologie. Man schrieb sie hier, selbst wenn sie scheinbar aus der Steinzeit stammten, germanischen Priesterastronomen zu. Die moderne Archäologie lehnt die Existenz solcher Linien rundweg ab – wohl, weil die Thesen, die über sie aufgestellt werden, mehr als einmal revanchistisch,

im günstigsten Fall überkandidelt waren. Doch vielleicht schüttet man bei diesem Thema das Kind mit dem Bade aus. Denn auch in Deutschland werden immer wieder geradlinige Anlagen ausgegraben, die zu Grabstätten oder Hinkelsteinen führen, also in einem sakralen Zusammenhang stehen. Eine solche Aufladung der Landschaften durch übergreifende symbolische Gestaltung nennet man Geomantie.
Vorweg gesagt: Im Saarland hat man noch keine solche „authentische" Linie aufgespürt. Dafür blieben die Hobbyforscher nicht untätig.[2]

Leys im Saarland?

Das begann im Dritten Reich, als man ein astronomisch ausgerichtetes Liniensystem um den Gollenstein entdeckt haben wollte – das übrigens keine Bestätigung fand. Einzig der spekulative Sprach- und Heimatforscher Richard Fester will diese Linien bestätigt haben, macht aber keine genaueren Angaben dazu.[3]
Was könnte dennoch auf solche Anlagen hindeuten?
Watkins glaubte, dass alte Legenden von unterirdischen Gängen auf das frühere Vorhandensein von verbindenden Leys hinweisen könnten. Das sind sicherlich naive archäolo-

Die Kirche von Zetting.

gische Vorstellungen, allerdings finden sich im gesamten Saarland solche Sagen. Lange Tunnel sollen sich unter Saarbrücken erstrecken,[4] einer gar von Gresaubach bis zur 10 Kilometer entfernten Burg Kerpen in Illingen gehen.[5]

Es gibt weitere Hinweise auf mögliche geomantische Bräuche. Als die Kirche in Settingen (heute Zetting) gebaut werden sollte, wollten die Benediktinermönche von Tholey sie eigentlich in der Dorfmitte errichten. Allein das Baumaterial wurde von unsichtbarer Hand immer wieder auf eine Anhöhe über dem Tal getragen, bis man schließlich diesen von Gott gegebenen Bauplatz akzeptierte.[6]

Hinter solchen Sagen steckt meist eine volkstümliche Deutung, die sich eine alleinstehende Kirche erklären will (weil der sie umgebende Ort mittlerweile untergegangen ist), mache Ley-Forscher betrachten solche Platzierungslegenden aber auch als Indiz dafür, dass die Kirche auf einer bereits existierenden Linie errichtet wurde.

Ein anderer Hinweis auf vielleicht vergessene Vorstellungen bieten die Totenwege. Früher hatte nicht jede Kirche das Recht, Trauungen oder Bestattungen vorzunehmen – von diesen Filialkirchen musste man zur Mutterkirche gehen, oft auf einem präzise festgelegten Kirch- oder Totenweg. Diesen benutzen die Geister der Verblichenen, und da sich Geister immer nur in geraden Linien fortbewegen können, waren auch ihre Wege kerzengerade. Der „Geisterweg", berichtet der Volkskundler Mengis in den 1930er-Jahren, „ist immer derselbe, auf ihm begegnet man sehr oft den Geistern. Stets zieht er in gerader Linie über Berg und Tal, über Wasser und durch Sümpfe (Irrlichter!), in den Dörfern hart über die Häuser hin oder mitten durch sie hindurch. Entweder geht er von einem Friedhof aus oder endet daselbst. Diese Vorstellung hängt offenbar mit dem früher verbreiteten Brauch zusammen, die Leiche auf besonderen Totenwegen zum Friedhof zu fahren, so dass also diesem Weg dieselbe Eigenschaft zukommt wie dem Friedhof selbst, er ist ein Tummelplatz der Totengeister."

Im Saarland ist noch ein solcher Weg aktenkundig. Die Merziger Ortsteile Menningen und Bietzen verbindet ein „Totenweg", der von Menningen, das früher keinen Friedhof hatte, nach Bietzen mit Kirche und Kirchhof führte.[7]

Barocke Linien

Im Barock wurden Landschaftslinien – oft viele Kilometer lang und auf Ziele am fernen Horizont ausgerichtet – als Gestaltungsmittel bei der Stadtplanung und der Landschaftsarchitektur vielfältig eingesetzt. Karlsruhe wurde als symbolische Sonne erbaut, die Achse des Schlosses Schwetzingen in der Kurpfalz bei Heidelberg verbindet die Berge Kalmit und

Königsstuhl, eine Linie, heute eine Bundesstraße, zieht sich kerzengerade vom Schloss Rastatt zum Schloss Ettlingen, eine vergleichbare Linie erstreckt sich von Schloss Solitude bei Stuttgart zum Schloss Ludwigsburg, eine andere vom Schloss Poppelsdorf bei Bonn zum Schloss Brühl, eine gewaltige, gerade Achse führt vom Schloss Kassel zum Denkmal Herkules.

Die Apfelallee verbindet den Ort des Schlosses mit der Gartenanlage Karlslust.

Die ehemalige Allee von Schloss Karlsberg nach Homburg.

Im 17. und 18. Jahrhundert durchzogen solche symbolischen Linien auch das Gebiet des Saarlandes. Vom Schloss Karlsberg bei Homburg, 1778–1788 für Herzog Karl II. August von Pfalz-Zweibrücken erbaut und heute bis auf wenige Reste verschwunden, führten gerade Alleen nach Homburg und durch den englischen Landschaftsgarten, auch die Achse des Saarbrücker Schlosses lässt sich verlängern in die Stadt und in den Park hinaus, und die Ludwigskirche steht in der Landeshauptstadt auf einem streng symmetrisch angelegten Platz. Graf Ludwig Kraft ließ 1709–1711Schloss Monplaisir unweit Saarbrücken erbauen, mitsamt einem Landschaftsgarten mit geradlinigen Wegen und Sichtachsen.[8]

Der Grundriss von Saarlouis verdankt sich dem Gestaltungswillen des französischen Königs Louis XIV., der die Stadt ab 1680 als fünfzackigen Stern erbauen ließ.

Esoterische Ley-Linien

Das hat natürlich wenig mit den Erdenergien zu tun, die sensitive Wünschelrutengänger immer wieder an Ley-Linie erspüren können. Das Konzept der gerade laufenden Erdstrahlenergien ist ohnehin neu, es entstand erst gegen Ende der 1960er-Jahre, hat seitdem aber fast religiöse Züge angenommen. Die Vorstellung, aus Ley-Lines strahle heilende Erdenergie, ist mittlerweile die am weitesten verbreitete Deutung der Leys. Und wer wollte bestreiten, dass manche Menschen einen Ort anders und intensiver empfinden als man selbst? Es ist aber noch nicht gelungen, wenigstens zwei übereinstimmende Bestimmungen von Erdkräften am selben Ley zu erzielen.

Dazu kommen Ideen, Linien überzögen ganze Kontinente – ein für Menschen der Steinzeit sicherlich unmögliches Unterfangen. Der verstorbene Esoteriker Jens Möller aus Karlsruhe zeichnete große, europaumspannende Linien auf Autokarten, die nach ihm das Schicksal der an ihnen lebenden Menschen bestimmten. Eine sogenannte Keltenfürsten-Linie führt von Saarlouis über Blieskastel, Burg Esch, Karlsruhe, Hochdorf bei Stuttgart, Hohenstaufen, Dillingen, Scherneck bis nach St. Wolfgang.[9] Dort hat man natürlich immer keltische Funde gemacht, aber ebenso am Glauberg in Hessen und am Donnersberg in der Nordpfalz, bei Bad Dürkheim und am Heidengraben in Schwaben. Wieso führt dort keine Keltenlinie hin? Zudem: Länderüberspannende Leys sind wegen der Erdkrümmung auf der Landkarte keine geraden Striche. Gerade Linien auf der runden Erdoberfläche werden, je länger man sie zieht, auf der planen Karte zu Kreisbögen. Man könnte solche langen Linien höchstens auf einem Globus finden, oder per Computerberechnung. Beides aber hat Möller nicht gemacht. Seine geraden Linien sind in Wirklichkeit krumme Linien.

Eine andere großflächige Struktur soll die Lugspirale sein, kein geradliniges Netz, sondern eine ganz Gallien mit Randgebieten überziehende, runde Figur. Bei Lug liegt im Pfälzerwald „in unmittelbarer Nähe ein ziemlich seltsames Gebilde, welches als ‚Teufelstisch' in die Sagenwelt des Wasgaulandes eingegangen ist", erklärt Wilfried Briegel. Dieses Lug sei nach dem keltischen Gott Lug benannt. „Nehmen wir nun eine Karte zur Hand und verbinden die Anhäufungen der aus Lug oder Lusine hergeleiteten Namen, so stellen wir fest, dass ihre geographische Lage deutlich eine Spirale kennzeichnet." Die Spirale und eine zweite, die Orte mit dem Namen Lion verbindet, sei nur aus der Luft oder auf einer genauen Landkarte sichtbar: „Wieder einmal scheint mir der Beweis erbracht, dass unsere irdischen Vorfahren

unmöglich für dieses Kuriosum herangezogen werden dürfen. Betrachten wir das ganze jedoch als eine Art ‚Botschaft an die Zukunft' ausserirdischer Besucher, so gewinnt das scheinbar verschwommene Bild immer mehr an Konturen."[10] Die Spirale schneidet natürlich auch durch das Saarland, etwa in einem Bogen von Merzig nach Landstuhl.
Und Energielinien? Die Seezeitlodge am Bostalsee lockt damit, dass eine Ley-Linie durch das Areal verläuft.[11] Und bei Oberthal hat der Freundeskreis für Dorfentwicklung nach Erklärungen des Heilpraktikers Günter Kasper in 900 Stunden ehrenamtlicher Arbeit auf dem Momberg eine „Energietankstelle" eingerichtet. Sie ist wie ein vorgeschichtlicher Kultplatz gestaltet, ein als Achteck konstruierter Steinkreis. In der Mitte befinden sich zwei Kraftplätze, die sich positiv auf die Organe auswirken. Wie die Lodge am Bostalsee profitiert der neue Kraftort von paneuropäischen Linien. „Schon die Kirche erkannte diese Linien und errichtete ihre Gotteshäuser auf solchen Ley-Linien. Durch unseren Heilplatz verläuft ein Ableger einer europäischen Energielinie, die von Brixen bis nach Finnland reicht", erklärte Kasper.[12] Ein anderer Kraftort, dieses Mal von dem Elsässer Wünschelrutengänger Adolphe Landspurg geortet, ist der Kaltenstein, Landkreis Saarlouis.[13]

Umstrittene Megalithbauten

Kultorte spürten auch Hobbyarchäologen der Nazi-Zeit auf, die überall nach germanischen Sternwarten fahndeten. Natürlich muss jeder diese Funde individuell beurteilt werden. Der folgende Steinkreis hat es in keine Bodendenkmalsliste geschafft und darf daher zumindest als in Fachkreisen umstritten gelten.
Der Steinkreis mit Steinreihen liegt nahe bei Keßlingen, einem Ortsteil der Gemeinde Perl im Landkreis Merzig-Wadern. Er wurde 1935 von Hans Pinter entdeckt und in „Germanien" beschrieben – eine Entdeckung, die fast ein Dutzend der nationalsozialistischen Archäologiezeitschriften aufgriffen. Die „jahrtausendealte, steinerne Dokumente eines geschichtslosen Zeitalters" befänden sich im Schwarzbruch an der Grenze von Deutschland und Frankreich. Das Denkmal liege in der Flur „Bei den alten Eichen". „Von drei Seiten langsam gegen das Ziel aufsteigend führen Steinreihen, aus schweren Quarzitblöcken, zu einem Steinring, [...] einer Kult- und Opferstätte mit Opfer- und Blutstein. In ihren Anfängen verlieren sich die aufrecht stehenden Steinblöcke der Steinreihen an abgelegenen Stellen des Waldes oder bilden dort kleine Steinringe." Gut erhalten seien die Reihen von Nordwest nach Südost „Sie beginnen am Rande des Waldes in einem kleinen Steinkreis von 4 bis 5 Meter Durchmesser." Weitere Reihen verliefen von Ost und West und endeten ebenfalls am Steinring in der Mitte. Dieser Steinring, der das Allerheiligste bilde, „hat einen Durchmesser von etwa 20 Schrit-

Die Steinreihen von Keßlingen.

ten. Er wird an der höchsten Stelle abgeschlossen von einem Felsblock, der als der eigentliche Opferstein anzusprechen ist." Vor ihm stehe der Blutstein und hinter dem Opferplatz rage der Schröckelsfels steil auf.

Zwar hatte Pinter keinen einzigen vorgeschichtlichen Fund in dem Steingeröll gemacht, es hatten auch noch keine Grabungen stattgefunden. Er war sich aber sicher, dass der Steinkreis aus der Bronzezeit stammte. Potenziellen Kritikern nahm er gleich den Wind aus den Segeln: Die Anlage sei von Waldarbeitern gestört worden, man dürfe nichts mehr erwarten. Man könnte einwenden, dass sich Flurnamen bei megalithischen Bauten oft auf die urzeitlichen Reste beziehen, nicht aber auf Bäume, aber das wird Pinter wie seine Leser nicht angefochten haben. „Germanien", die Zeitschrift aller Freunde germanischer Vorgeschichte, wurde von der pseudowissenschaftlichen Stiftung Ahnenerbe herausgegeben. Das populäre Monatsheft wollte die Grundlagen der Nazi-Rassenpolitik archäologisch beweisen und die Liebe zur germanischen Kultur fördern.[14]

Der Hunnenring ist das mächtigste vorgeschichtliche Monument des Saarlandes. Aber ein Großsteingrab finden moderne Archäologen dort nicht mehr.

Hans Pinter war nicht der erste. Denn Hobbyforscher entdecken immer wieder megalithische Denkmäler, also steinzeitliche Großbauten, oft auch dort, wo keine zu finden sind, beispielsweise in einem eindeutig keltischen Ringwall. Einen Dolmen, ein Großsteingrab also, will der französische Altertumsforscher Em. d'Huart 1837 beim Hunnenring nahe Otzenhausen entdeckt haben (vielleicht auch um die Region für Gallien zu beanspruchen?). Er leitete den Namen Dolberg, über den sich der Ringwall zieht, von Dolmen ab, und spürte das Grab „zwischen der ersten und zweiten Steinmauer" auf.

> *Herr Graf v. Villers zu Burgesch habe dieses Dolmen noch im J. 1812 gesehen und gezeichnet. Es sei 5 Metres (über 15 Fuß) hoch und eben so breit gewesen. Herr d'Huart schließt hieraus, daß sich auf dem Dolberge ein Mallus [eine Gerichtsstätte] befunden habe, wo die Druiden Gericht gehalten und ihre religiösen Zeremonien vorgenommen hätten.*[15]

Auch von diesem Großsteingrab weiß die moderne Archäologie, ebenso wie vom „Steinkreis" von Keßlingen, nichts mehr.

Rätsel der Steinzeit

Neben angeblichen und echten, nicht immer zur Gänze verstandenen Kultstätten wurden im Saarland immer wieder Funde gemacht, die schwer einzuordnen waren.
Was soll man von den geheimnisvollen Steinzeitäxten halten, die Philipp Schmitt 1830 nach Funden bei Saarlouis beschreibt? Er gibt keine Abbildung, so dass man sich schwertut, das Ganze nach moderner archäologischer Nomenklatur zu bestimmen. Diese „Donneräxte", Schmitt fand 15 im Kreise, „sind ziemlich flach, und bilden fast gleichschenkelige Dreiecke, deren kürzere Seite geschärft ist; die Spitze ist meistens abgebrochen. Die Schärfungsflächen sind immer krumm, die Schärfe selbst bildet eine Kreislinie, die aber oben allzeit mehr gekrümmt ist. Die Seitenkanten sind abgerundet, die eine der breiten Seitenflächen ist viel mehr gewölbt als die andere. Keiner dieser Steine ist durchbohrt." Sie waren zum größten Teil aus Serpentin gefertigt, aber auch aus Feuerstein und Granit.

> *Das Volk glaubt bei uns, daß diese Steine mit dem Blitze fallen, und das Einschlagen des Blitzes verhindern, heilt auch Beulen an den Eutern der Kühe damit. Es kam vor, daß bei Theilung einer Erbschaft auch ein solcher Stein in 3 Theile getheilt wurde. Plinius [...] sagt von ihm: Der Donnerstein (brontia) ist dem Kopf einer Schildkröte ähnlich; er fällt, wie man glaubt, mit dem Donner, und löscht das Feuer, welches durch Blitzschlag entstand.*

Unabhängig von diesem Aberglauben findet Schmitt ausreichend Grund, sich über die Äxte zu wundern. Beile oder Äxte im engeren Sinne können sie nicht gewesen sein. Er argumentiert schließlich, es habe sich um in der Hand gehaltene Werkzeuge zur Fellbearbeitung gehandelt:

> *Diese Instrumente waren keine Streitäxte, wenn man auch anderswo ähnliche Steine begegnet, die ein Loch haben. Man hätte die unserigen dazu in dem Spalte eines Stockes befestigen müssen, der 2–3 Zoll dick gewesen wäre, wie sich bekanntlich die Wilden noch ihre Aexte machen; aber was wäre ein Stock mit den Steinen Nr. 5 und 7 für eine Waffe gewesen? Der Stein Nr. 1 war viel zu dick, um so eingeklemmt zu werden. Leute, welche harte Steine so fleißig bearbeiteten, würden, da bei jeder Einklemmung ebene Flächen dienlicher sind und Stützpunkte nothwendig, nicht alles so sorgfältig ausgerundet haben. Die Werkzeuge sind merkwürdig zweckmäßig eingerichtet, um sie in der Hand zu führen und mit ihnen ein Thier abzuziehen oder zu zerlegen. Die Schneide ist nämlich nicht gerade, sondern krumm, auch nicht gleichmäßig krumm, sondern oben mehr gebogen; die Schärfungsflächen sind nicht eben, sondern gewölbt, weil so stärker; der ganze Stein ist dreieckig, weil er sich so besser fassen läßt; bei dem dicken Steine, der mehr zum Hauen diente, ist die Seite, welche in die Fläche der Hand zu liegen kam, flach, die andere, um welche sich die Finger schlangen, abgerundet und in der Mitte viel höher gewölbt. Die Schärfe schnitt völlig genug, um eine gespannte Kuhhaut durchzuschneiden, die Spitze diente beim Abdecken. So entsprach das Werkzeug als Messer oder als Handbeil den frühesten und vorzüglichsten Bedürfnissen der Menschheit.*

1830 war das Wissen um die Vorgeschichte in Deutschland noch sehr rudimentär. Man kannte Urmenschen, Kelten, Germanen und Römer.

> *Welcher Zeit gehören diese Werkzeuge an, welchem Volke? Weil sie durch ganz Europa verbreitet sind, ist es gewiß, daß nicht etwa römische Priester sie mit ihrem Opferdienste herbrachten, oder auf irgend eine Weise die Römer. [...] Es ist bekannt, daß die Menschen zuerst steinerne Werkzeuge hatten, dann kupferne und zuletzt solche von Eisen. Nach diesen Geräthen ordnet man auch die alten Gräber. In Deutschland war das Eisen noch zu Tacitus Zeiten seltener.*

Die merkwürdigen Steilbeile, so schlussfolgerte Schmitt, stammten vermutlich aus der Zeit vor den Römern.[16]

Unbekannte Funktion – das Klangblech von Wallerfangen, Depot I

Das bekannteste mysteriöse Artefakt der Vorgeschichte des Saarlands ist ohne Zweifel der Dodekaeder von Schwarzenacker. Er ist allerdings nicht der einzige Fund, von dem man zwar weiß, wann er angefertigt wurde, über dessen Funktion aber nur gerätselt werden kann. Ein weiterer ist das – Achtung Zungenbrecher! – Tintinnabulum von Wallerfangen.
Im Saarland wurden immer wieder vorgeschichtliche Horte entdeckt. Das sind große Mengen Metall oder Schmuck, die zusammen in der Erde vergraben wurden. Warum das geschah, ist nicht geklärt, man kann an viele mögliche Motive denken: Der wertvolle Besitz sollte vor Feinden versteckt werden, wurde den Göttern geopfert, wurde übernatürlichen Kräften geweiht oder ein Händler legte ein Zwischenlager an, zu dem er immer wieder zurückkehrte. An der mittleren Saar wurden solche Horte oder Depotfunde in den 1840er-Jahren auf dem Hansenberg bei St. Barbara entdeckt (er bestand aus 30 Hohl- und Lappenäxten und einer größeren Axt), 1848 und 1849 unweit derselben Stelle ein weiterer Hort mit Äxten, um 1850 ein Hort bei Mettlach-Tünsdorf (Bronzeäxte und -beile). Die Funde enthalten oft Material, das vor Ort nicht vorkommt: „Das setzt einen Handel zwischen Erzeugungs- und Verbrauchsländern voraus."[17]
Im Herbst 1850 stieß der Bauer Anton Boos bei der Kartoffelernte auf einen solchen Hort (später Depot I von Wallerfangen genannt), der bereits ein Jahr später von Victor Simon aus Metz veröffentlicht wurde. 1868 kam der Fund durch Versteigerung ins Musée d'Archéologie Nationale in Saint-Germain-en-Laye, Paris. Das Depot umfasst schier unglaubliche 63 Stücke, unter anderem ein Schwert, vier unterschiedliche Beile und eine Gussform für Beile, 14 Ringe, Trensen und Knebel, Spiralen und Ösen. Heute datieren Archäologen den Fund auf die späte Bronzezeit oder jüngere Urnenfelderkultur, also in die Epoche um 850 v. Chr.
Die Kleinteile (Öse, Stäbe und Scheiben) stellten sich als Bestandteile eines Tintinnabulum heraus. Auf Deutsch heißt das Schelle oder Klangblech, aber diese Klangbleche sind keine Musikinstrumente. Bisher hat man rund zwanzig Exemplare ausgegraben, konzentriert im lothringischen Raum und aus der Zeit um 1000 bis 500 v. Chr.

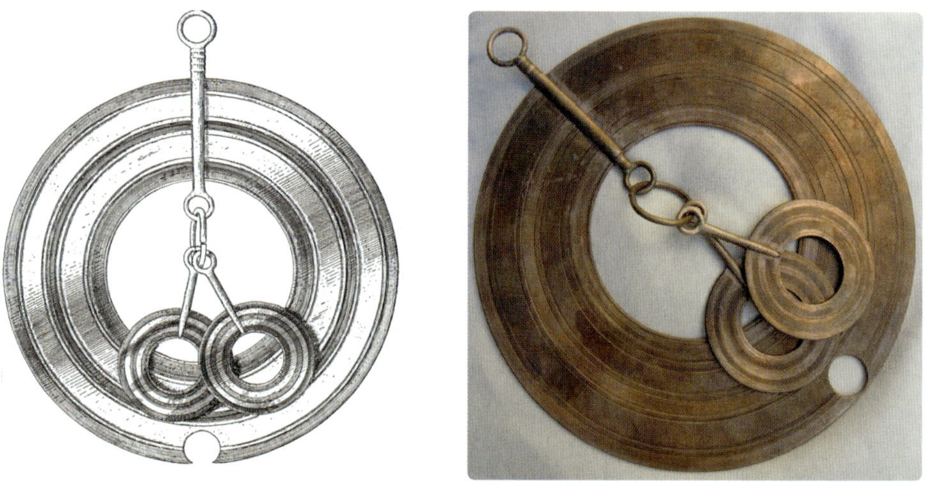

Rekonstruktion und Nachbau des Tintinnabulums aus dem Depot I von Wallerfangen.

Man kann sich ein solches Klangblech wie einen großen, klimpernden Ohrring vorstellen oder einen Traumfänger aus Bronze. „Der Grundaufbau der Tintinnabula ist erstaunlich gleich", schreibt Wikipedia, „sie bestehen immer aus einer großen, vom Mittelpunkt aus kreisrund durchbrochenen Scheibe, einem Radialstab mit einer äußeren (meist größeren) und einer inneren Öse, an welcher die beiden kleineren Scheiben aufgehängt sind. Die kleinen Scheiben sind meist sozusagen eine Art Reduktion/Miniatur der großen Scheibe." Ein solches Gehänge aus vielen Metallteilen müsste natürlich klimpern wie ein Windspiel, doch mittels nachgebildeter Exemplare fanden die Forscher heraus, „dass das zusammengesetzte Objekt (bei vertikaler Aufhängung) nicht wirklich klingen kann, da die Scheiben sich eigentlich nur behindern und den Schall gegenseitig absorbieren. Der Klang ist eher ein blechernes Scheppern." Deshalb ist und bleibt die „genaue Funktion dieser Objekte [...] ungeklärt".[18] Allerdings stehen die Größenverhältnisse der Teile im Verhältnis 2:1 und damit im Prinzip der Oktave – und es gibt durchaus andere Meinungen. „Die Töne vermischen sich zu einem wohl etwas scheppernden, doch höchst imposanten Läuten", schreibt etwa Stefan Michelbacher aus Wallerfangen, der das Klangblech rekonstruiert hat.[19]

Dieses Blech aus dem Depot I ist 33,8 cm hoch und 28,5 cm breit, die beiden kleinen „Klapperbleche" messen je rund 13 cm Höhe und 8,5 cm Breite. In dem nahe gelegenen Depotfund IV (1873 entdeckt) fand sich ein weiteres Tintinnabulum, dessen Ringscheibe auf beiden Seiten mit vier mal zwei Rillen verziert war. Es war etwas kleiner, nur 27,2 cm hoch und rund 21 cm breit, dafür waren die Klapperbleche mit rund 14 cm Höhe und 11 cm Breite größer. Ein drittes Klangblech wurde in Reinheim ausgegraben, „mit zehn Rillen auf der Vorder- und Rückseite und einer kreisförmigen Aussparung am unteren Rand der Ringscheibe". Dieses Exemplar war 27,6 cm hoch und 21,5 cm breit. Mit ihm lagen zwei Rasiermesseranhänger, Armringe und ein Tüllenmeißel in der Erde.[20]

Die Archäologen vermuten mehrere sich gegenseitig ausschließende mögliche Zwecke der Klangbleche: Es könnte sich um Schmuck für Wagen oder Pferde handeln (sie kommen oft im Verbund mit Pferdebedarf vor), es könnte sich um – in der Bronzezeit nicht unübliche – Symbole für die Sonne handeln, oder man spricht vage von einer „Nutzung als Kultgerät".[21] Ein zusätzliches Rätsel besteht darin, dass die Metallteile aus dem Depot I von Wallerfangen Anzeichen dafür zeigen, dass sie lange im Wasser lagen und dann wieder daraus geborgen wurden. Warum?

Von den Ringwällen und ihren Mysterien

„Ringwälle" kommen in zwei Bauarten vor: als echte Ringwälle, die eine Bergkuppe umschließen, oder als sogenannter Abschnittswall, einem geradlinigen, manchmal leicht gebogenen Wall-und-Graben-System, das einen Bergsporn abschneidet und damit sichert. Dazu kommen drei hauptsächliche Arten der Nutzung: frühkeltische Fürstensitze aus der Hallstadt-Zeit (600 bis 450 v. Chr.), Oppida, stadtähnliche Anlagen der späteren Latènezeit ab 150 v. Chr., sowie unbesiedelte Fliehburgen aus frühkeltischer bis spätrömischer und mittelalterlicher Zeit. Dass diese Nutzungsarten nicht immer klar unterscheidbar sind, vor allem, wenn die Ringwälle und Abschnittswälle heute zum größten Teil nur noch aus Trümmerbergen bestehen, liegt auf der Hand. So bieten die erkannten vorgeschichtlichen Wallanlagen im Saarland selbst dem Experten noch zahlreiche Rätsel.

Dazu gehört ihr Alter. Denn die einfachen Ringwälle wurden aus Stein und Erde angehäuft, man sieht ihnen nicht an, wer sie erbaut hat. Die jüngeren keltischen Anlagen, die Stadtmauern der Oppida, wurden als komplexe Konstruktionen aus Holzgerüst, Steinpackung und Schaufassade errichtet, doch ist das Holz verrottet und die teils meterhohen Mauern sind in sich zusammengebrochen. Ohne Ausgrabung kann man nicht sagen, welches Bauprinzip einer bestimmten Anlage zugrunde lag. Und ausgegraben wurden die wenigsten der Wälle, von der Erforschung der Innenfläche ganz zu schweigen. Hier gründet das Rätsel also darin, dass bisher so wenig geforscht wurde.

Zuweilen haben die alten Erbauer keinen Ring um einen Berggipfel gezogen, sondern einen Bergsporn durch eine Wallanlage abgetrennt – die Verteidigung der anderen Seiten besorgten die steilen Abhänge. Ein solcher Abschnittswall ist das Oppidum von Kastel-Staadt.[22]

Ansonsten sind im Saarland viele Formen von Wällen vertreten: Das größte Oppidum der Treverer, der Kelten, die hier zur Zeit des Eindringens der Römer lebten, ist der gewaltige und unbedingt sehenswerte Hunnenring bei Otzenhausen,[23] ein spätrömischer Wall aus dem 3. bis 4. Jahrhundert n. Chr., wohl eine Fluchtburg, liegt auf dem Maykesselkopf bei Neunkirchen-Wellesweiler,[24] selbst das älteste, also allererste Römerlager in ganz Deutschland, wurde in der Region entdeckt, das Römerlager am Grafenwald bei Hermeskeil, das 53 v. Chr. angelegt wurde.[25]

Besonders alt ist der Wall auf dem Königsberg bei Gisingen, er stammt aus dem 9. Jh. v. Chr., einzelne Funde gehen bis ins Jahr 1200 v. Chr. zurück – die Anlage stammt aus der Bronzezeit und stellt somit eine der ältesten Burgen Mitteleuropas dar.[26]

Ähnlich alt sind die Fortifikationen auf dem Großer Stiefel bei St. Ingbert: Auch hier stammen die ersten Funde aus dem 12. Jahrhundert v. Chr., die Wälle wurden bis ins Mittelalter genutzt![27]

Auf dem Limberg bei Wallerfangen reichen die Anfänge, dort wurde Bergbau betrieben, bis in die Urnenfeldzeit zurück, also in die Bronzezeit um 1000 v. Chr., die Wallanlagen stammen aber aus der ersten keltischen Epoche, der Hallstattzeit. Insgesamt drei große Wallanlagen errichteten die Kelten, und Archäologen fanden aus dieser Zeit die Überreste eines Huhns – es ist das älteste bekannte Nutzhuhn aus Deutschland.[28]

Aus der Hallstattzeit stammt auch ein Wall auf dem Sonnenberg bei Saarbrücken, den Forscher als Fürstensitz ansehen, also als Burg. Er wurde von 760 bis 480 v. Chr. bewohnt.[29] Fast ebenso alt ist der Elsenfels bei Nohfelden aus dem 6. Jh. v. Chr.[30]

Die Entstehungszeit der Wallanlagen ist oft rätselhaft. Keltisch oder spätrömisch ist der Wall auf dem Weiselberg bei Oberkirchen im Kreis St. Wendel,[31] keltisch, römisch oder mittelalterlich die Altburg bei Freudenburg.[32]

Die Wälle und Gräben auf dem Spiemomt bei St. Wendel sind entweder keltisch, römisch oder mittelalterlich. „Aktuelle Deutungs- und Datierungsversuche reichen von einer bronzezeitlichen Fliehburg über eine keltische Landwehr der Latènezeit bis hin zu einer Entstehung der ‚Heidenmauer' im frühen Mittelalter des 7. Jh.", meint dazu Uwe Anhäuser.[33]

Manche der sehr frühen Datierungen waren die Folge von Zufallsfunden, und niemand weiß zu sagen, was wir alles entdecken könnten, wenn Wissenschaftler die Innenflächen der Forts und Städte systematisch untersuchten. Das allerdings würde – nicht nur in Zeiten knapper kommunaler Kassen – Unsummen verschlingen.

Einige Geheimnisse kann man sich jetzt schon betrachten. So finden sich in der Saarschleife bei Mettlach innerhalb des Ringwalls zwei Wälle mit „ungeklärter Funktion", und in der Nähe steht eine Motte nahe bei Burg Montclair. Motte bezeichnet hier keinen Nachtfalter, sondern eine Turmhügelburg, den ersten Burgentyp des Mittelalters.[34]

Nahe am Ringwall auf dem Schaumberg von Tholey steht ein Menhir, der Klapperstorchstein. Er kann kaum aus derselben Zeit stammen, denn Hinkelsteine sind oft mehr als 1000 Jahre älter als die Ringwälle. Vielleicht besteht also kein Zusammenhang – aber wer weiß?[35]

Der Wall auf dem Birg bei Schmelz-Limbach war erst ein keltisches Oppidum, dann eine spätrömische Fliehburg. Das findet man öfter. Allerdings: Es fehlten Quellen und damit Wasser auf dem Berg – wieso suchte man dann dort Zuflucht? Und in der römischen Anlage sind römische Grabmäler mit verbaut, jedoch haben die Archäologen bisher keine römische Siedlung in der Nähe aufspüren können. Wo lag sie, und falls die Denkmäler aus einer weiteren Entfernung herbeigeschleppt wurden – wozu machte man sich die Mühe?[36]

Einige der keltischen Oppida weisen eine Besonderheit auf – es sind sogenannte Schlackenwälle. Manche der Mauern sind geschmolzen und dann zu einer Art trübem Glas erstarrt, dazu muss eine immense Hitze geherrscht haben. Mehrere Wälle entlang der Nahe, Teile des Donnersbergs in der Nordpfalz, aber auch der Wall auf dem Spiemont bei St. Wendel haben solche verglasten Wallabschnitte. Man findet sie übrigens im gesamten von Kelten besiedelten Gebiet, von Schottland im Norden bis Böhmen im Osten. Wenn man von Erklärungen wie den Düsen von Raumschiffen in grauer Vorzeit absieht, gibt es hauptsächlich zwei Deutungsansätze. Die einen Forscher gehen davon aus, dass das Holzgerüst, das die großen Mauern stützte, durch Kriegshandlungen oder Blitzschlag Feuer fing und die Steine zusammenbuk, die anderen, dass diese Wälle an den Industrie- und Schmiedevierteln der Oppida entlangliefen und aufgrund der bei der Eisenverhüttung entstehenden Temperaturen schmolzen.[37]

Viele Wanderer gehen heute achtlos an diesen uralten Zeugen unserer Vergangenheit vorbei. Mag man auch genauer hinsehen müssen, so lohnt sich das. Und noch etwas macht die Ringwälle bemerkenswert – es spukt oft an ihnen.

Auf dem Schlossberg und dem Hoerskopf bei Nohfelden finden sich Wälle, der des Schlossbergs ist der „rätselhafteste dieser Bodendenkmäler" zwischen Nahe und Saar, in ihm kann man ein römisch-keltisches Quellheiligtum entdecken – und zuweilen das geisterhafte „Getrampel von Rossen" hören.[38] Bei der Fliehburg auf dem Momberg bei Oberthal-Gronig, die aus dem 4. Jh. v. Chr.stammt, geht der wilde Jäger um, er schreitet Wanderern als Lichtlein voraus,[39]und auch in der keltischen oder spätrömischen Anlage auf dem Weiselberg bei Oberkirchen spukt er und zieht feurig um den Berg.[40]

Selbst die Römer haben „Geheimnisse"

Archäologieinteressierte aus dem ganzen Bundesgebiet kennen die römische Villa Nennig und ihre grandiosen Mosaiken. Kaum jemand erinnert sich noch daran, dass die Villa im Zentrum eines der aufsehenerregendsten Fälschungsskandale stand.

Entdeckt wurde das Mosaik 1852, als ein Bauer eine Grube aushob. Er verständigte die preußischen Behörden, die die Reste schützen. 1866 begannen die Ausgrabungen durch den 29-jährigen Georg Schaeffer, einen mit der Trierer „Gesellschaft für nützliche Forschungen" assoziierten Bildhauer, der das Projekt leitete. Schnell stellte sich heraus, dass das Landgut eines der prächtigsten und am reichsten ausgestatteten der ganzen Region war – und das, obwohl um die alte Kaiserstadt Trier wahrlich kein Mangel an römischen Altertümern herrscht.

Wer war der Erbauer der Nenniger Villa, wer hatte dort gewohnt? Vielleicht gar ein Kaiser? Was zunächst zaghaft gefragt wurde, verwandelte sich im September 1866 in Gewissheit. Schaeffer gab bekannt, er habe vier Steintafeln mit Inschriften entdeckt. Die verrieten ihm, dass Kaiser Trajan (bekannt von der Trajansäule in Rom) die Villa hatte errichten lassen, um sie dann Secundinus Securus zu schenken, dem die berühmte Grabsäule in Igel bei Trier gewidmet ist (auf der Seeungeheuer dargestellt sind).

So viel antike Geschichte und aktenkundige Namen an einem einzigen Ort! Kaiser Trajan, das verrieten die Inschriften weiter, hatte auch das Amphitheater in Trier bauen und Se-

cundinus Securus dort die ersten Tierhetzen stattfinden lassen. Doch das war nicht Schaeffers letzte sensationelle Entdeckung: Er grub auch sechs römische Fresken aus, „Blüten der römischen Malkunst", wie er sie nannte, die Trajan im Trierer Amphitheater zeigten.
Das war manchem Fachmann dann doch zu viel. Der Bonner Römerexperte Ernst Aus'm Weerth untersuchte und analysierte, dann stellte er fest, dass Fresken und Schrifttafeln gefälscht waren. Schließlich hatten die Arbeiter, die die Ausgrabung vornahmen, keine Bilder an den Wänden gefunden – erst Schaeffer war dieses Glück einige Tage (und Farbkleckse am Kittel) später hold. Eine „in heiterer Parodie zu den Füßen Trajans schwimmende Ente" nannte Aus'm Weerth die Funde.
Man hätte der ganzen Fälscherei übrigens viel schneller auf die Spur kommen können: Der von Zeitzeugen als überaus selbstherrlich geschilderte Ausgräber hatte den Brief mit seinem Bericht über die Entdeckung schon einen Tag vor der tatsächlichen „Auffindung" verschickt![41]
Auch Archäologen können flunkern!

Seltsame Spuren im Stein

Wetzrillen und Karrenspuren werden eingehend in „Geheimnisse des Saarlandes" behandelt. Wetzrillen sind schmale, scharfe Scharten in Stein, oft neben der Tür zu einer Kirche oder Burg. Sie wurden noch bis vor 150 Jahren in den Stein geschabt, aber nichts Genaues weiß man nicht, warum das getan wurde – viele Thesen sind im Umlauf, von altem Rechtsbrauch bis zu der frommen Sitte, Sand aus der Kirche im eigenen Heim auszustreuen. Es wird wohl eine Kombination aus vielen Gründen gewesen sein.
In der nahen Westpfalz lassen sich Wetzrillen an der evangelischen Pfarrkirche in Niederauerbach und in Zweibrücken an der Sandsteinwand zur Rückseite der Dinglerstraße auffinden.[42] In Saarbrücken reiht sich an der Mauer von St. Arnual unübersehbar eine Wetzrille an die nächste.
Karrenspuren wirken sehr geheimnisvoll, so als wäre das Gestein weich geworden. Die meisten entstanden ganz allmählich, als Karren mit eisenbeschlagenen Holzrädern über den nackten Fels rumpelten. Im Saarland wurden Radspuren am Hunnenring bei Otzenhausen ausgegraben,[43] und im spätrömischen Tor des Ringwalls auf dem Nahekopf bei Frauenberg im Kreis Birkenfeld fanden die Archäologen im Torpflaster „Spurrillen mit einer Spurbreite von 1,40 m", die „übrigen Bereiche der Tordurchfahrt waren geschottert."[44]

Wetzrillen an der Mauer von St. Arnual.

Diese Wetzrillen finden sich an der Westmauer des Kreuzgangs von St. Arnual. Sie stammen aus den 1970er-Jahren und wurden nach Florian Brunner von Mädchen geritzt, die ihren Puppen den Sand mit Spucke vermischt als Essen gaben. So vielfältig sind die Erklärungen für diese eigentümliche Praxis.

Im Elsass: Römische Karrengleise an der Zaberner Steige nahe am Oberlauf der Saar.

Felsbilder

Von vorgeschichtlichen Felsbildern im Saarland wird immer wieder gemunkelt, aber bislang wurde noch keines belegt. In vielen Zeiten wurden Figuren in den Sandstein geritzt – und römische Reliefs sind mittlerweile ziemlich verwittert. Im Mittelalter schnitten die Menschen Wappen und Symbole in den Fels, Räder und Schuhsohlen, und bis in die neueste Zeit werden nicht nur Graffiti gesprüht, sondern auch Initialen in den Fels gekerbt. Sandstein ist weich, und jedes noch zu erkennende Symbol ist gerade mal ein paar Jahrhunderte alt. Versteht man nicht, was dargestellt ist, sind die Gravuren auf jeden Fall geheimnisvoll.

Völkische Vorgeschichtsfreunde wollen prähistorische Weihe- und Kultbilder am Eichertsfelsen bei Oberwürzbach entdeckt haben und einen Schalen- oder Opferstein auf dem Stumpfen Gipfel bei Homburg. Wissenschaftler vom Fach halten das für Fantastereien.[45]

Richard Fester spricht von Felsbildern im Warndt,[46] und der Heimatforscher Kai Hofmann informierte mich über eine Höhle bei Wattweiler bei Zweibrücken mit Felsritzungen. In diese Grotte sind „zwei geheimnisvolle Gravuren eingemeißelt", die aber nicht näher beschrieben werden.[47]

Die Erfahrung zeigt, dass ein aufmerksamer Wanderer, gerade in den Buntsandsteingebieten der Pfalz und des Saarlandes, immer wieder auf Felsbilder stoßen kann – also Augen auf!

Der geizige Bäcker

Dass es übrigens nicht nur vom Alter abhängt, ob eine Darstellung im oder aus Sandstein Rätsel aufgibt, zeigt der „geizige Bäcker" in der Saarbrücker Schlossmauer. Denn diese relativ junge Steinskulptur, die in vollem Licht der Geschichte gemeißelt wurde (sie stammt definitiv aus der Renaissance), stellt den heutigen Betrachter vor Herausforderungen. Der Saarbrücker Tradition nach stammt der Kopf mit seinen verzerrten Gesichtszügen als ehemaliger Wasserablauf aus der alten Saarbrücke. Nach manchen Forschern handelt es sich um eine frühere Schießscharte der Schlossmauer. Tatsache ist, dass sich der Kopf erst seit Mitte der 1960er-Jahre in der Schlossmauer befindet, als er beim Bau der Autobahn von der Alten Brücke über die Saar an seine heutige Stelle versetzt wurde. Im Sommer 1997 wurde er restauriert und erneut eingesetzt.

Der Tradition entgegen nehmen Historiker an, dass das Bild schon früher in der Schlosswand saß. Nach Professor Dieter Heinz ist es einer von mehreren ähnlichen Wasserspeiern in der Schlosswand, der allerdings als einziger überlebte. Der Bäcker sei tatsächlich ein Teufel, eine Meinung, die auch Alfons Kolling vertritt, der von einer „Schreckmaskenskulptur" des Saarbrücker Renaissanceschlosses spricht. Solche Skulpturen sollten apotropäisch wirken, also Dämonen oder Teufel abwehren. In diesem Falle wäre der geizige Bäcker ein Beleg für die Teufelsfurcht, die das 16. Jahrhundert prägte.

Rätselhaft: der geizige Bäcker.

Die Sage wiederum hat ihre eigene Erklärung. Demnach herrschte in Saarbrücken einmal eine schlimme Hungersnot. Ein Bäcker, der noch Brot hatte, wies die hungernde, bettelnde Bevölkerung ab. Voller Mitleid verkleidete sich die Gräfin als Bettler, wurde vom Bäcker natürlich ebenfalls abgewiesen und ließ ihn danach als Wasserablauf auf der Brücke verewigen, damit durch seinen Kopf Schmutzwasser und Gülle spüle.[48]

Prä-Astronautik

Die Prä-Astronautik, also die Idee, dass Raumfahrer in ferner Vergangenheit unsere Vorfahren besucht haben, ist auch in der Region Saar fündig geworden – man denke an den rätselhaften Dodekaeder von Schwarzenacker oder die Schlossberghöhlen von Homburg, die manche Vertreter des Disziplin für vorzeitliche Atombunker halten.
Einen weiteren solchen Fund beschreibt der italienische Prä-Astronautik-Spezialist Peter Kolosimo. Die Rede ist von einer goldenen Riesennadel aus der späten Bronzezeit, die in Trassem südlich von Saarburg ausgegraben wurde. Sie entspreche präzise einem „kolumbianischen Spiralenzepter" aus dem Caucatal. Wie ist das möglich?[49]
Allerdings ähneln sich Spiralen weltweit natürlich, denn es handelt sich ja um eine geometrische Figur.

Geheimnisvolle Unterwelt

Neben der von völkischen Wissenschaftlern zum Kultplatz der Atlanter erklärten Schlangenhöhle in Einöd und der Schlossberghöhle von Homburg gibt es noch viele weitere geheimnisvolle Unterwelten im Saarland und in der nächsten Umgebung. Mittlerweile touristisch erschlossen sind die Gänge im nahen pfälzischen Zweibrücken (der Sage nach reichen sie bis Homburg), unter der Felsenburg Nanstein erstrecken sich große Gewölbe, und im Norden, an der Nahe, gilt die Felsenkirche in Idar-Oberstein, als Top-Spot für Besucher.
Der „Himmelsbergstollen" in Zweibrücken war jüngst wieder in den Medien. Der unterirdische Raum, aus dem Buntsandstein gemeißelt, hat enorme Dimensionen: Gänge, einige davon gepflastert und mehr als zwei Meter breit, Säle, ein unterirdischer See, eine Wendeltreppe, Kammern – auf rund 2400 Quadratmetern. Entdeckt wurde der Stollen im Sommer 1944 nach einem Bombentreffer, er wurde schnell schon als Luftschutzbunker genutzt. 2024 untersuchte Bernhard Häck vom Bayerischen Landesamt für Denkmalpflege diese Welt unter dem Boden – und urteilte, es handle sich um einen unterirdischen Steinbruch

Unterirdische Kammern in der Zweibrücker Burg Nanstein.

Die unterirdische Burg von Saarbrücken.

für Sandstein. Wie an römischen und mittelalterlichen Steinbrüchen üblich, fand er an der Wand Schrämspuren, parallele diagonale Rillen, die von Keilhauen und Zweispitzen stammen. Einige der Durchgänge sind mit Ziegelsteinen vermauert, die, so schätzte er, in die Zeit zwischen dem 14. und dem 16. Jahrhundert datieren. Proben von Rußspuren, die mit der Radiokarbonmethode genau datiert werden können, sollen Klarheit bringen.[50]

Solche unterirdischen Steinbrüche sind in der weiteren Umgebung nicht eben selten – die Schlossberghöhlen in Homburg und die Schlangenhöhle von Einöd dienten der Gewinnung von Sand, in Mayen wurde in dem heute sogenannten LavaDome Mühlsteine abgebaut und Trass in den Trasshöhlen am Laacher See. Nicht immer liegt der gesuchte Stein mit einer bestimmten Güte an der Oberfläche.

Unbedingt sehenswert ist die unterirdische Burg im Historischen Museum Saar, 14 Meter unter dem Saarbrücker Schlossplatz. Bei der Hollerburg nahe Kirkel, einer frühmittelalterlichen Motte, kann man die „Hollerlöcher" besuchen, einen römischen Felsenkeller.[51] Auch dort soll es übrigens spuken

Moderne Maulwürfe

Man hat sich also bis in die jüngste Zeit in die Erde vergraben. Im Saarland tat man das – vielleicht durch Bergbautradition und den weichen Sandstein begingt – aus den unterschiedlichsten Gründen. Bei Kirrberg seien, so August Becker 1858, in die felsigen Talränder Kartoffelkeller eingegraben.[52]

Betrachten wir noch kurz ein paar Beispiele vom Anfang des 20. Jahrhunderts. Da wäre die Kunsthöhle von Neunkirchen bei Ottweiler. Dort hatten sich im Dezember 1895

> *eine Anzahl unreifer Bürschchen zusammengethan und an der Böschung des Bliesufers eine in ihrer Art ganz originelle Räuberhöhle konstruirt. Die ziemlich geräumige, in der weichen Ufererde angelegte Höhlung war mit Brettern und Rasenstücken gedeckt und im Innern mit selbstgefertigten Bänken etc. möblirt. Kerzen sollten zur Beleuchtung des Schlupfwinkels bei abendlichen Sitzungen dienen. Doch zu früh wurde die Sache bekannt und ihr ein jähes Ende bereitet. – Wie aber waren die Burschen auf diese Idee gekommen? Wieder einmal durch Lesen überspannter Geschichten!*[53]

1927 wurde im Gemeindewald von Niederwürzbach „eine Felsenhöhle aufgefunden, in der sich ein aus Lehm hergestellter Ofen und verrostetes Handwerkszeug befand. Ueber

Der Steinerne Schrank bei Weiselberg. So geheimnisvoll er auch aussieht, ist er doch ganz natürlich entstanden.

den Ursprung dieser Gegenstände ist man noch im Unklaren." Wer der „Höhlenbewohner" war, wurde auch nie bekannt.[54]

Hingegen fasste man die Erbauer des unterirdischen Gangs, der im Juni 1936 bei Fremersdorf im Kreis Saarlouis entdeckt wurde. Er war das Werk von Schwarzbrennern, die Schnaps unter Umgehung des Zolls in den Handel brachten – und dazu den Schmuggelgang anlegten.[55]

Unter dem Saarland erstreckt sich ein weiteres, unterirdisches Land – und dazu kommen noch Hunderte Kilometer Stollen und Gänge des früheren Bergbaus.

11 — Archäologie Kuriositäten – von uralten Kirchen und Räuberhöhlen

Die Region der Saar ist stets ein Zankapfel zwischen Frankreich und Deutschland gewesen, und selten war das Verhältnis zwischen den beiden Staaten – oder zur heimatlichen Vorgeschichte – ohne Polemik.
Je nach Nationalität galten Funde an der Saar den Deutschen als germanisch und den Franzosen als gallisch, wobei man die Gallier als Vorfahren der Franzosen betrachtete und jene Regionen beanspruchte, in denen in der Vorzeit Gallier gelebt hatten (das wären dann eigentlich auch Großbritannien, Teile der Niederlande und Belgien gewesen).

Keltisch oder germanisch?

Für Archäologen sind Zuordnungen wie „französisch" für Kelten und „deutsch" für Germanen natürlich völlig sinnlos. Beide Nationalstaaten sind aus den Resten antiker Verwaltungseinheiten erst im frühen Mittelalter entstanden, und noch zu Zeiten Karls des Großen gab es weder Franzosen noch Deutsche. Da lebten Franken in Paris und in Mainz, Sachsen und Friesen waren Ausländer, mit denen man sich nur über Dolmetscher verständigen konnte.
An der Saar aber wurde mit harten propagandistischen Mitteln gestritten. So beanspruchte Frankreich die Saar für sich, weil „schon im Altertum Kelten an der Saar siedelten" und „Saarbrücken im fünften Jahrhundert zum fränkischen Königreich Austrasien" gehört hatte. Von „üppiger Propagandaliteratur" spricht eine Quelle aus dem Jahr 1931.[1] Schließlich hätten, so argumentierte der französische Anspruch, um Saarbrücken, „an Mosel und Saar, nur keltische Stämme vor der Völkerwanderung gelebt", „und so leitet man den Beweis herbei, daß das linke Rheinufer mit Recht als keltisch-gallisches Land zu Frankreich" gehöre.[2]
In nationalistischen, mehr noch in den völkischen Kreisen des frühen 20. Jahrhunderts, schien hingegen klar, dass alle Vorgeschichte im Saarland germanisch gewesen sei. Konnte man im Dritten Reich zu Beginn noch über keltische Ruinen sprechen, wurden sie im Laufe der Zeit schnell zu germanischen Kultorten umgedeutet. Spricht eine Zeitung im April 1929 noch von dem keltischen, „einsam aufragenden Gollenstein und die Heidenkapelle bei St. Arnual" und einigen wenigen „keltischen Flurnamen",[3] so schreibt dieselbe Zeitung bereits kurze Zeit später vom Gollenstein als von einem ehrenwerten „Denkmal aus germanischer Zeit". Er habe „vermutlich dem Sonnenkult und der Sonnenbeobachtung" gedient.[4]

Und: „Wußten Sie schon, daß .... eines der ältesten germanischen Altertümer der Gollenstein bei Blieskastel (Saarpfalz) ist?", fragte ein anderes Blatt zur selben Zeit.[5] Tatsächlich stammt der Gollenstein aus der Steinzeit und hat weder mit den Kelten noch mit den Germanen etwas zu tun.

Hinkelsteine

Tatsächlich lässt sich gerade am Gollenstein, dem größten Menhir oder Hinkelstein Mitteleuropas, und anderen steinzeitlichen Zeugen der politische Kampf um die archäologische Deutungshoheit sehr schön nachvollziehen.
Im Kaiserreich galten alle diese Monumente als eindeutig germanisch:

> In einem Wiesenthale bei Rentrisch, zwei Stunden nordöstlich von Saarbrück, erhebt sich der früher erwähnte Spilstein, in Urkunden Chriemhildespil genannt. Er ist von Sandstein, über dem Boden 15¾ Fuß hoch und an der Spitze stark verwittert. Da Chriemhilde nur ein anderer Name für die deutsche Göttin Holda war, diese aber den Germanen wie die Freyja den Angelsachsen als Schutzgöttin der Felder und Grenzen gelten mochte, so erklärt sich der Name, denn der Chriemhildestein war offenbar eine Grenzmark. Der bei Bliescastel stehende und 24 Fuß hohe Gollenstein oder Golostein erinnert an die Gollenberge in Norddeutschland und an den Golo der Genovevasage.[6]

1929 waren sie vage „heidnisch", vielleicht „auch als Sonnenuhr benutzt",[7] 1934 zwar germanisch, aber auf Gallien hinweisend („der Name dieser sieben Meter hohen Sandsteinsäule deutet mundartlich offenbar auf Gallien hin"),[8] 1935 dann wieder, fast richtig, aus der Bronzezeit stammend,[9] und 1938 „ein bemerkenswertes Denkmal aus germanischer Zeit".[10]
Auch andere Menhire entgingen solchen Inanspruchnahmen nicht. Der Weiße Wacken bei Konz, mehr als zwei Meter hoch, ist eindeutig steinzeitlich. 1930 schraubte man eine Bronzeplakette daran, die die Befreiung der Rheinlande durch Paul von Hindenburg feierte. Heute ist sie wieder entfernt.[11]
Schon aufgrund dieser Ideologisierungen ist Geschichtsschreibung nie neutral und folgt oft ihren eigenen Interessen.

Der Menhir von Konz stand ursprünglich etwa einen Kilometer von der Saarmündung entfernt.

„Durchblick in die Landschaft" an der Straße der Skulpturen (St. Wendel), von Paul Schneider.

Moderne Riesenmegalithen

Wo wir bei Megalithen sind. Der Bildhauer Prof. Paul Schneider aus Merzig-Bietzen stellte auf dem Höhenzug an der deutsch-französischen Grenze zwischen Büdingen und Wellingen im Saarland und Launstroff und Scheuerwald in Lothringen entlang der Skulpturenstraße „Steine an der Grenze" ab 1985 mehrere große Plastiken auf, die im Nebel mindestens ebenso geheimnisvoll wirken wie die echten Großsteingräber und Menhire. 2013 konnte man dort Werke von 32 Künstlern aus 16 Nationen betrachten.[12]

Römische Reste

Betrachten wir weitere kuriose Funde und Gebäude im Saarland und entlang der Saar. Von der Villa in Nennig war schon in Zusammenhang mit den gefälschten Schrifttafeln die Rede. Sie wurde 1853 entdeckt. So berichteten die Medien damals über den Fund, der heute zu den touristischen Hotspots der Region gehört:

> *Vor einigen Monaten wurde im Dorfe Nennig an der Obermosel ein merkwürdiger Fund gethan. In dem Garten eines Ackermannes hatte sich bisher*

Die römische Villa von Nennig.

eine Stelle stets durch Unfruchtbarkeit ausgezeichnet, weßhalb der Eigenthümer sich daran gab, dieselbe recht tief umzugraben. Hierbei stieß man bald auf römisches Gemäuer und entdeckte sodann in einer Tiefe von 4 Fuß [1,20 m] einen Mosaikboden, welcher sich beinahe unversehrt bloßlegen ließ und bald durch die dargestelten Figuren, wie durch die Richtigkeit der Zeichnung und die schönen Farben die Aufmerksamkeit der Behörden und Alterthumsforscher auf sich zog. Durch die Sorgfalt des Herrn Landraths v. Nell ist diese Mosaik, welche sich den schönsten bisher aufgefundenen zur Seite stellen läßt, gereinigt und vor Zerstörung geschützt worden. Bis jetzt ist ein rechtwinkeliger, viereckiger, von Mauern eingefaßter Raum ausgegraben, 32 Fuß [9,60 m] lang und 16 Fuß [4,80 m] breit. In der Mitte dieses Zimmers befindet sich eine von Marmorsteinen eingefaßte runde Vertiefung, deren Durchmesser 4½ Fuß [1,35 m] beträgt, und in welcher mehrere unterirdische Röhren endigen, von denen es noch ungewiß ist, ob sie zur Leitung von Wasser oder von warmer Luft dienten. Die ganze übrige Fläche des Zimmers ist mit Mosaik belegt. Auf der einen Seite der Vertiefung ist ein Tiger dargestellt, welcher ein Pferd anfällt, auf der anderen Seite ein Löwe, welcher unter seinen Vordertatzen den Kopf eines Esels hält, während neben ihm ruhig ein Mann steht, die eine Hand auf den Rücken des Löwen legend. Rings umher längs den vier Mauern läuft ein Kranz von Rosetten, durch Arabesken unter einander verbunden gebildet aus Steinchen von der mannigfaltigsten Farbenmischung und mit erstaunlicher Geschicklichkeit zusammengefügt.[13]

Heute wissen wir, weil bereits viele römische Villen ausgegraben wurden, dass die Röhren Teil einer Therme waren. Dieses Rätsel ist also gelöst. Dass bereits in der Antike Wein an der Saar angebaut wurde, verriet ein Fund, der am 15. Oktober 1883 am westlichen Ende von Tholey, „am Fuße des Schaumberges, dicht an der Saarlouiser Straße" gemacht wurde. Dort stieß man

vor einiger Zeit beim Fundamentgraben auf römische Mauerreste, auch wurde eine Bildsäule von Sandstein zu Tage gefördert. Die Büste, welche Bachus, den Gott des Weines, darzustellen scheint, ist noch ziemlich gut erhalten, hat eine Höhe von 90 Centimeter und ist in ganz natürlichem Zustande gemeißelt. Die Figur, den rechten Arm gesenkt, hält in der rechten Hand einen Traubenklotz und in hoch erhobener Linken den Thyrsusstab.[14]

Und einen schönen Blick in das römische Privatleben erlaubte ein Fund bei Pachten (Dillingen) unter der Kirche. Dort wurden zwei Särge aus der Antike entdeckt. Einer enthielt die Überreste von fünf Erwachsenen, ein anderer nur die Gebeine eines Knaben – mit einer Inschrift aus der Zeit um 370–420: „Hier ruhet der Sohn der Carantia, hat gelebt 3 Jahre und 46 Tage."[15]

Das Pilatusgrab

Die rührende Inschrift ist nicht Pachtens einzige Überraschung aus der Römerzeit. Gern entdeckt man in Deutschland und Mitteleuropa Erinnerungen an die Geschichte des heiligen Landes. Jesus soll als Kind im englischen Glastonbury geweilt haben, der Dämon des Pilatus ist im gleichnamigen Berg über dem Vierwaldstätter See gebannt, im Museum von Bad Kreuznach steht das Grabmonument des angeblichen Vater Jesu, eines römischen Legionärs – und bei Pachten ist der römische Statthalter von Judäa begraben. In

> *Pachten ist die große Linde vor der Kirche merkwürdig. Sie hat 21 Fuß [6,30 m] im Umfange; schon vor 200 Jahren hielt das Hochgericht darunter seine Sitzungen. Die Römer hatten hier eine bedeutende Niederlassung, wie die vielen Reste beweisen, die täglich ausgegraben werden. Nach einer Volkssage, die sehr alt zu sein scheint, ist Pontius Pilatus hier begraben, was ein interessanter Beitrag zur Pilatussage ist.*[16]

Germanische und fränkische Reste

Hier sollen nur Goldfunde aufgeführt sein – das sind zu jeder Zeit überraschende Entdeckungen. 1863 fand ein Landwirt auf seinem Acker bei Merzig „eine goldene Krone, d. h. einen mit Spitzen (Lilien) umgebenen, reich verzierten goldenen Reif, dessen Goldwerth über hundert Thaler betragen soll". Die Fachleute waren sich uneins: „Einige Gelehrten halten denselben für ein römisches, andere für ein Alterthum, welches der deutsch fränkischen Vorzeit entstammt."[17]
Ein 1900 bei Hütterdorf im Kreise Saarlouis zufällig aufgedecktes Grab enthielt „eine 7 cm große Rundfibel mit einer dünnen Goldscheibe".[18]

Motten

Motten sind im archäologischen Zusammenhang keine flatternden Nachtfalter, sondern ein früher Burgentyp, eigentlich der früheste: Auf einem künstlich angehäuften Hügel stand ein Turm (daher auch Turmhügelburg), das Ganze war umgeben von einer Palisade. Steinerne Motten kommen erst später auf (zwei Beispiele sind das Schlössel bei Klingenmünster in der Pfalz und der Tower von London).

Gerade die frühen Formen, noch ganz aus Holz errichtet, unterscheiden sich kaum von den einfachen Ringwällen oder Fluchtburgen der merowingischen und karolingischen Epoche. Die Alte Burg Einöd nahe Zweibrücken, aber bereits im Saarpfalz-Kreis gelegen, ist ein Exempel für eine schwer bestimmbare Anlage. Sie wird mal als salische Motte (also aus dem 11. Jahrhundert stammend), mal als merowingischer Wall bezeichnet, müsste dann also ins 5. bis 8. Jahrhundert datieren.[19]

Ein kleines Rätsel, nur für den Fachmann von Belang, aber dennoch ein Rätsel!

Geheimnisvolle Kirchen

Mit den Motten erreichen wir historisches Terrain. Auch hier hat das Saarland einiges zu bieten! Zum Beispiel die Benediktinerabtei St. Mauritius in Tholey, das älteste Kloster Deutschlands. Sie wurde 634 erstmals erwähnt. Das heutige Gebäude stammt allerdings erst aus dem 13. Jahrhundert und zählt wiederum zu den ältesten gotischen Kirchen der Bundesrepublik.

Lange war das Oktogon von Mettlach, der Alte Turm, umstritten. Das Gebäude gleicht so sehr viel älteren Kirchen, etwa dem Karlsdom in Aachen oder der römischen Kirche St. Gereon in Köln, dass es früher stets als „karolingische" Kirche geführt wurde, also als ein in der Zeit Karls des Großen errichtetes Monument,[20] und sogar als das „älteste Bauwerk des Saarlandes" bezeichnet wurde.[21]

Achteckbauten sind zwar typisch für die frühesten kirchlichen Bauten wie etwa Baptisterien, weil acht die Zahl der Ewigkeit, der Verbindung zwischen Himmel und Erde ist,[22] der Alte Turm in Mettlach ist dennoch jünger – wenn auch nicht viel. Wikipedia nennt ihn „das älteste erhaltene aufrecht stehende mittelalterliche Bauwerk des Saarlandes". Einst zierte er die Abteikirche St. Peter und Maria, die 1819 abgebrochen wurde, und erbaut wurde er wohl zwischen 990 und 994 durch den irischen Abt Lioffin als Grabkapelle für den heiligen Lutwinus, den Gründer des Klosters.[23]

Somit ist der Alte Turm zwar deutlich später als der 800 geweihte Aachener Dom, gehört aber immer noch zu den frühesten monumentalen Kirchenbauten unseres Landes.

Der zwar nicht „karolingische“, aber doch sehr alte Alte Turm von Mettlach, von außen und innen.

Eines der Vorbilder: der Achteckbau des Aachener Münsters.

Rätselhafte neuzeitliche Funde

Bei geschichtlichen Funden ist das, was selbst dem Fachmann rätselhaft bleibt, oft nur von minderem Interesse, zumindest für die Mehrheit der Bevölkerung. Ein Menhir ragt grau und groß in den Nebel und schweigt, und jeder kann in ihn hineindeuten, was er möchte, bei einem Grabfund aus dem Mittelalter oder der Neuzeit kann man sich vielleicht um eine paar Jahrzehnte bei der Datierung zanken.

Dennoch bleiben immer wieder kleine Geheimnisse. So wurden im September 1890 beim Abbruch eines alten Hauses in Wallerfangen rund 60 cm unter den Dielenbrettern „vierzehn Skelette und ein Paar Militair-Sporen" entdeckt. „In dem Orte weiß Niemand, wann und wie die Leichen dorthin gekommen sind. Wallerfangen war bis 1680 französische Festung."[24]

Andere Orte beziehen sich auf legendäre Personen, etwa den Räuber und Mörder Schinderhannes (eigentlich Johannes Bückler, 1779–1803). 1939 wurde erzählt: „In einer Felswand bei Beckingen im Kreis Merzig befindet sich eine Höhle, in der sich Schinderhannes vor seiner Einkerkerung in Saarbrücken lange Zeit hindurch versteckt" habe.[25]

Es gibt in der volkstümlichen Überlieferung im gesamten Bereich von Hunsrück, Saarland, Rheinhessen und Pfalz mehr Schinderhannesverstecke, als man glauben möchte. So schnell ranken sich Legenden um Höhlen, besondere Felsen oder Burgruinen. Dass ausgerechnet dieser skrupellose Bandit und Antisemit – stets schrieb er sich zugute, dass er nur Juden und Franzosen überfallen und ermordet hatte – zum deutschen Robin Hood verklärt wurde, ist ein Rätsel ganz eigener Art. Die Zeitgenossen jedenfalls verabscheuten ihn.

Schließen wir mit dem Ersten Weltkrieg ab und einer Geschichten, die an die Entdeckung anomaler Fossilien oder lebender Kröten im Kohlegerstein erinnert ... aber nur fast. Aus Dudweiler wurde am 4. Februar 1927 gemeldet:

> *(Ein seltener Fund.) Ein hiesiger Bergmann, der auf den nahen lothringischen Gruben arbeitet, war mit dem Spalten von Grubenholz beschäftigt, das er durch die Grube bezogen hatte. Nicht wenig erstaunt war er, als er in einem Tannenstück neun unbeschädigte deutsche Gewehrkugeln bei dieser Arbeit fand. Da nun das Grubenholz aus dem früheren Kriegsoperationsgebiet stammt, rührt der Fund zweifellos aus dem Weltkriege her.*[26]

12 — Von Gespenstern bewacht und leider viel zu selten: Schätze

Rund sieben Millionen Bundesbürger und Bundesbürgerinnen spielen in Deutschland jede Woche Lotto - auch wenn die Gewinnchancen gering sind, stirbt die Hoffnung zuletzt.

In früheren Zeiten träumten die Menschen davon, große Schätze zu finden und zu heben - in Burgruinen, unter Hinkelsteinen oder an verwunschenen Orten.

Man nahm an, Geisterlichter könnten den Ort eines verborgenen Schatzes anzeigen, wer ihn aber heben wollte, musste bestimmte magische Rituale durchführen. Die waren nötig, weil Dämonen oder Geister oder schwarze Hunde mit tellergroßen feurigen Augen die begehrten unterirdischen Güter hüteten.

Davon wissen die Sagen der Saar überreich zu berichten. Einen Schatz bei Harskirchen in den französischen Vogesen etwa zeigte ein blaues Licht an,[1] ein kleines Flämmchen, das von einem „schwarzen Mann" begleitet wird, einen Hort bei Saarbrücken,[2] einen Schatz im Schlossberg von Lemberg hüten zwölf Männer in Rüstung, Ritter, die als Strafe für Sünden zu Lebzeiten nun Wachdienst zu leisten haben.[3]

Den Zugang zu Gold und Geschmeide bieten magische Gegenstände, die ein Glückskind finden muss. Am Großen Stiefel - wie auch an manch anderen Orten - ist das eine Schlüsselblume, die sich in einen Schlüssel verwandelt, der die Pforte zu einem glänzenden Saal im Berg öffnet.[4]

Allerdings - selbst wer bis zu Schatztruhe gelangt ist und sie öffnen konnte, geht in den Sagen meistens leer aus. Denn es gibt unzählige Tabus, die der Schatzsucher brechen, und Fehler, die er begehen kann. Oft darf man nicht sprechen, wenn man den Schatz in Händen hält, oft erschreckt ein Höllenhund den Schatzsucher, der flüchtet, oft findet er nur wertlosen Plunder, etwa Sand oder trockene Laubblätter, wirft das auf die Erde - und entdeckt am nächsten Tag in seinen Taschen kleinste Goldkörnchen, die Überreste der Blätter oder des Sandes. Was er für wertlos gehalten hatte, war verwunschenes Gold.

Unter dem Weißen Fels im Scheidter Tal fand ein Mann eine Goldkiste, aber er war so raffgierig, dass er seine ganzen Taschen vollstopfte. Da hörte er Hufgetrappel, spürte einen Stoß in den Rücken - und erwachte wieder ohne Schatz.[5]

Nur ganz selten gelingt es den Schatzsuchern der Sage, erfolgreich zu agieren, etwa in Ludweiler. Nur geht dort nun an der Stelle, an der einst der Schatz geborgen wurde, ein Gespenst um.[6]

Tatsächliche Funde von Schätzen sind selten. An der Mündung der Saar in die Mosel, beim Ortsteil Feyen von Trier, entdeckte der Ackerer Schmidt im Spätjahr 1898 einen römischen Hort mit 100 Kilogramm Silbermünzen, insgesamt rund 20 000 Denare hauptsächlich aus spätrömischer Zeit und von den Kaisern Salonina, Saloninus, Marius und anderen, vor

Die wenigsten Schatztruhen sind leicht zu finden, und viele werden von Gespenstern und Ungeheuern bewacht.

allem aber von Postuans. Archäologen schlossen aus der Prägezeit des Geldes, dass der Schatz um 268 n. Chr. vergraben worden war. „Es ist schade, daß dieser wichtige Fund an einen Händler verkauft wurde, ohne vorher für die Münzkunde verwerthet zu werden. Bei den Münzen finden sich seltene Stücke und viele sind gut erhalten."[7]
Ein weiterer römischer Schatz wurde im März 1923 bei Bachem (Losheim am See) bei den Ausschachtungsarbeiten für die neue katholische Kirche entdeckt.

> *Beim Abfahren von Erdmassen wurde ein steinernes Gefäß gefunden, das oben mit Sand angefüllt, 70 Silbermünzen in Größe unserer früheren Zwei- und Einmarkstücke enthielt. Die Münzen tragen römische Schrift und Zahlen und sind wunderbar erhalten. Der Fund wurde dem Pastor von Brotdorf übergeben Ein Regierungsrat aus Saarbrücken kam einige Tage später und nahm den Fund im Auftrage der Regierung in Empfang.*[8]

Ein anderer Schatz fand sich, dieses Mal südöstlich des Saarlandes, bei Saargemünd. Dort wurde im Dorf Hilschbach eine alte Mauer ausgebessert, als die Arbeiter einen Tonkrug entdeckten, der in ein Tuch gebunden war. Das irdene Gefäß enthielt 15000 Mark in

Silbergeld. „Es waren Taler, die zum Teil im Jahre 1775 und in späteren Jahren bis 1864 geprägt waren. Der Schatz ist vermutlich bei Ausbruch des Deutsch-Französischen Krieges im Jahre 1870 eingemauert worden und dann in Vergessenheit geraten."[9]

Das eigentliche Saarland spielt bei einem Schatzfund eine kleine Rolle, der aber ereignete sich im Januar 1894 in Köln-Raderthal:

> *Ein Ackerer fand am Donnerstag auf seinem Felde in einem Düngerhaufen verscharrt eine ziemlich große Monstranz, die nach der Inschrift aus der Kirche von St. Johann bei Saarbrücken herzurühren scheint und nur kurze Zeit vergraben war. Die Gold- und sonstigen werthvollen Theile der Monstranz [waren] abgeschlagen. Der Fund wurde dem Geistlichen des Ortes überbracht, der bei der Polizei Anzeige erstattete und die Kirchengemeinde von St. Johann von dem Funde in Kenntniß setzte. Möge es bald gelingen, die Gottesschänder dem Arme der Gerechtigkeit und der verdienten Strafe zu überliefern.*[10]

Allerdings: So mancher Schatz, raunt uns die Sage, liegt weiterhin unter dem Boden des Saarlandes und ist ungehoben. Im Hügel unter der Pütlinger Liebfrauenkirche beispielsweise sollen Schweden im Dreißigjährigen Krieg einen Schatz vergraben haben.[11] In einem anderen Kriege wurde die Glocke der St.-Lorenz-Kapelle von Eschringen in einem Sumpf beim Finkelrechweg versenkt. „Der Sumpf ist verschwunden, und niemand weiß mehr die Stelle, wo man das Glöcklein hinabgesenkt hat."[12]

Wer sie bergen will, muss vermutlich keine magischen Kräfte besitzen, aber die Ausdauer und Hartnäckigkeit, die Bürokratie zu überwinden und den gerechtfertigten Bedingungen der Landesarchäologie zu genügen.

13 — Geologische Rätsel und Geheimnisse

Um das Jahr 1856, so erzählt Karl Loymeyer in seinen „Sagen der Saar", wollten zwei Arbeiter des St. Ingberter Eisenwerks am östlichen Hang des Großen Stiefels Holz fällen. „Von beiden Seiten hieben sie fleißig darauf los, aber trotz der guten Schneide der Äxte ging nicht ein einziger Hieb ein, aber unter der Wurzel des Stammes pummerte, rumpelte und polterte es geheimnisvoll aus der Tiefe bei jedem Hieb." Ihr Schrecken wurde zur Panik, als urplötzlich ein Gespenst, der alte Jäger, vor ihnen stand, düster und unheimlich. Sie nahmen die Beine in die Hand und flüchteten von dem Ort.[1]
Die Saar hat eine jahrhundertealte Tradition des Bergbaus, der unterirdischen Steinbrüche (etwa zur Sandgewinnung unter dem Homburger Schlossberg), aber auch in Sage und Legende klingt der Boden hohl, ist er trügerisch, gehen darin dämonische Gestalten um. In dieser magischen Unterwelt mischen sich Fakten und Fiktionen, Erlebtes und Erträumtes, Wahn und Wirklichkeit.

Von schreienden Steinen, donnernden Löchern und verschwindenden Bächen

Was unsere Vorfahren erschreckte und verblüffte, das hat die moderne Wissenschaft oft schon gelöst – und doch: Was mag es mit dem schreienden Stein auf sich haben? Viele Sagen weltweit künden von flüsternden, singenden, blutenden und schreienden Steinen, als sei die Materie plötzlich lebendig geworden oder als bewahre der Fels Erinnerungen an frühere, schreckliche Vorkommnisse.
In diesem Fall aber kündigte das laute Gefels unmittelbar jenseits der modernen Grenze des Saarlandes zu Rheinland-Pfalz Zukünftiges an. „Zu Zweibrücken hörte man im Jahre 1597 ‚einen Stein in der Stadt rufen, nach solchem Rufen starben in fünf Tagen jählings 900 Menschen.'"[2]
Vielleicht bezieht sich dieses seltsame Mirakel auf einen Ausspruch Jesu' im Evangelium nach Lukas (19: 40), wo Jesus – als man seine Jünger zum Schweigen bringen will – erklärt: „Ich sage euch: Wo diese werden schweigen, so werden die Steine schreien."
Eine ganz andere Art von lautem Fels war das Donnerloch, heute Silbersandquelle genannt, beim Eschweilerhof. 1932 beschreiben es die Zeitungen wie folgt.

In der Nähe von Kirkel-Neuhäusel bei Eschweilerhof in der Rheinpfalz gibt es eine eigenartige Naturerscheinung in Gestalt der sagenumwobenen sogenannten „Donnerloch"-Quelle. Die Quelle entspringt auf dem Grunde eines kleinen Quellteiches, „dessen Wasser sich bald in vollständigster trägster Ruhe, bald in so großer Wallung befindet, daß es wie in zornigem Grollen, wie in heftigem Zürnen über den Quellrand springt!" (K. Leibrock in „Träumereien aus dem Westrich"). Das zeitweise plötzliche und starke Aufwallen des Quellwassers erklärt sich auf natürliche Weise. Die Quelle entspringt in einer Buntsandsteinschicht und da das Wasser im allgemeinen keinen sehr hohen Druck hat, so verstopft der Quellsand von Zeit zu Zeit den Abfluß. Dann beruhigt sich der Wasserspiegel des Teiches, während die Quellwasser sich inzwischen unterirdisch sammeln und nach einer Weile mit verstärkter Kraft emporwirbeln.[3]

Das Donnerloch ist eine sogenannte intermittierende Quelle, ein ganz natürliches Phänomen, das zum ersten Mal der jüngere Plinius im ersten nachchristlichen Jahrhundert von einem Ort am Comer See beschrieb. Es handelt sich um Quellen „mit einem mehr oder weniger regelmäßigen Wechsel von unterschiedlicher Schüttung und völligem Versiegen. Intermittierende Quellen können durch unterirdische Hohlraumsysteme mit einem heberartigen Mechanismus erklärt werden."[4] Will heißen: Hinter der Felsfassade steckt ein Hohlraum, der mit Wasser vollläuft. Quillt er über, ergießt sich das Wasser nach draußen, Die Quelle versiegt dann wieder, bis das unterirdische Bassin erneut überläuft.
Und wenn Quellen versiegen können, dann auch ganze Bäche. Das geschah, so wird berichtet, im Juli 1881 mit dem Gillenbach:

Wie ein Bach verschwindet erzählt die „Saar- und Mosel-Ztg.": Der Gillenbach, welcher in den letzten Jahren binnen 24 Stunden noch ca. 41 000 Liter Wasser einen Wasserfall hinabführte und noch am Nachmittage des 15. d.M. lief, war am Abend des 16. gegen 6 Uhr verschwunden. Das durch den ungemein heißen Sonnenschein erwärmte Bachbett hatte auf einer Strecke von einigen Hundert Schritten alles Wasser absorbirt. In mehreren Tümpeln sah man Schlangen. Ueberhaupt gewahrte man in den letzten Wochen ungemein viele Schlangen im Busenthal, Sirzenicherthal und dem Gillenbach. Unter dem Wasserfall im Busenthal konnte man gleichzeitig mehrere Ringelnattern im Wasser sehen. Von verschiedenen Orten her hört man, daß bei der großen Hitze dieser Tage Soldaten bei ihren Uebungsmärschen vom Hitzschlage betroffen worden sind, zum Theil mit tödtlichem Ausgange.[5]

Wunderbares Wasser

Wenn wir schon beim Wasser sind – nicht nur Quellen und Bäche zeigen zuweilen seltsame Eigenschaften, auch die Saar macht merkwürdige Dinge.

Dieser stattliche Fluß [Saar] zeigt gegenwärtig eine eigenthümliche Erscheinung. Während die Saar schönes, hellgrünes Wasser besitzt, führt ihr die Blies, die hier mündet und der Stadt den ursprünglichen Namen „Gemunden" gegeben hat, schmutziggelbes Wasser zu, das von den in der Hinterpfalz, dem sogenannten Westrich, niedergegangenen heftigen Gewittern herrührt. Die beiden Gewässer vermischen sich lange Zeit hindurch nicht, so daß die Saar hier zwei ganz verschiedene Farben zeigt.[6]

Die Mündung der Blies in die Saar bei Sarreguemines.

Ähnlich verhält es sich ja auch mit Mosel und Rhein bei Koblenz und mit Donau und Inn in Passau.

Mit einer gewissen Regelmäßigkeit wird auch über reiche Wasservorkommen im Untergrund des Saarlandes berichtet. 1896 erschloss man beim „Ausschachten am Wasserwerk der Gemeinde Dudweiler [...] eine neue größere Quelle. Dieselbe warf mit großem Druck reichliche Wassermengen, vermischt mit Sand und Kies, aus. Es ist anzunehmen, daß der Schacht bis auf eine Kiesschicht abgeteuft ist. Diese Kiesschicht befindet sich in großer Mächtigkeit in dieser Gegend. Das durch diese Kiesschicht hervorquellende Wasser muß von vorzüglicher Güte sein."[7]

Und 1943 war „an einer entlegenen Stelle bei Saareinsmingen [...] seit mehreren Monaten ein Tiefbohrer in Tätigkeit, der bereits 299 Meter durch das kalkhaltige Gebirge durchgestoßen ist. Das Wasser aus dieser Quelle, die einmal, was sich heute schon berechnen läßt, 15–29 Liter pro Sekunde spenden wird, wird dazu beitragen, daß die Industriegemeinde Saargemünd, die zwar bisher schon immer gutes, aber zu wenig anfallendes Wasser hatte, in Zukunft hinreichend versorgt ist."[8]

Gehen auf „dünnem Eis"

Die Begeisterung für seltsame Quellen und tiefe Wasservorkommen steht vielleicht mit der Tatsache in Zusammenhand, dass man im Saarland stets wie auf Eierschalen geht. Denn wie jede Region, deren Grund von Stollen und Gängen alter und zuweilen längst vergessener Bergwerke durchzogen ist, hat auch das Saarland unter Bodensenkungen und Erdeinbrüchen zu leiden. Das mag alles sehr natürliche Ursprünge haben, und doch ist es gespenstisch, wenn der vermeintlich feste Boden unter den Füßen plötzlich nachgibt. Das hat nachvollziehbare Gründe bei Erdrutschen nach Regen – so wie im Januar 1869,[9] im Juli 1906[10] und im November 1907[11] im und um den Bahntunnel von Mettlach, aber wird unheimlich, wenn es ganze Dörfer betrifft.

Besonders oft wird darüber aus Dudweiler berichtet. Im Oktober 1902 meldete die Presse:

> *Ein ganzer Straßenteil ist im benachbarten Dudweiler durch den Bergbau gefährdet. Der Boden senkt sich merklich und gegen 12 Geschäfts- und Wohnhäuser mußten schon durch eiserne Verankerungen gebunden werden.*[12]

Die Schuldigen waren schnell ausgemacht:

Der „Lokalanzeiger" meldet aus Saarbrücken: Nachdem schon der saar-pfälzische Ort Schnappach dem Raubbau der französischen Grubenverwaltung zum Opfer gefallen ist, werden jetzt neue Bodensenkungen aus dem Orte Dudweiler gemeldet. In der Nähe des Schiebebornschachtes hat sich in nördlicher Richtung in einer Länge von rund 250–300 Metern und ungefähr ein bis zwei Metern Breite gesenkt. Der ganze Strich zeigt tief klaffende Oeffnungen. Stellenweise ist der Boden derart gespalten, daß eine Oeffnung gähnt, durch die man in die grundlose Tiefe blickt. Die Bevölkerung Dudweilers ist durch diese Zerstörung sehr beunruhigt.[13]

Schnappach, ein Ortsteil von Sulzbach, war damals schon fast abgeschrieben.

Untergang eines Dorfes im Saargebiet.
In einem Dorfe Schnappach im Saargebiet spielt sich gegenwärtig [1925] eine schreckliche Tragödie ab. Die Grube St. Ingbert nämlich treibt unter dem Dorfe ihre Stollen vorwärts, ohne sich darum zu kümmern, welchen Einfluß diese Bohrung auf die Erdoberfläche ausübt. In Schnappach ist kaum ein Haus mehr vorhanden, dessen Mauerwerk nicht allmählich verfällt. „Der Berg lebt", pflegen darum die Dorfbewohner zu sagen. Schon vor fünfzehn Jahren zeigten sich die ersten Verfallserscheinungen an den Mauern der Häuser. Die staatlichen Bergbehörden kamen überein, das Dorf unter allen Umständen zu erhalten. Auf beiden Seiten der langgestreckten Kohlenfelder im Erdinnern sollten Pfeiler angebracht werden, stark genug, um für das Dorf ein sicheres Fundament zu bilden. Nun nahmen nach dem Kriege die Franzosen Besitz von den Saargruben; der Abbau der Kohle wurde sehr forciert, so daß er zum Raubbau geworden ist. In jüngster Zeit zeigen sich überall Erdsenkungen, und selbst die Unterbaue der Fischbachbahn und der Bahnstrecke nach Bingerbrück wurden schwer in Mitleidenschaft gezogen. Die Bevölkerung im Bergbaurevier scheint gegen die drohende Gefahr des Einsturzes abgestumpft zu sein. Am Eingang zur evangelischen Kirche des Ortes Schnappach liest man die Worte: „Durch Verfügung des Bezirksamts wegen Einsturzgefahr gesperrt!" Die geweihte Stätte wird bald ein Trümmerhaufen sein, wenn nicht sofort Maßnahmen zur Sicherung des Fundaments getroffen werden. Wohnen in den Häusern des Dorfes, die im Mauerwerk nicht selten Lücken von 5 bis 10 Zentimeter aufweisen, wird zur Lebensgefahr. Die Polizei läßt die Häuser räumen, aber die Leute wissen

> *nicht, wo sie unterkommen sollen. Der französische Bergfiskus hat sich bis jetzt allen Vorstellungen gegenüber ablehnend verhalten.*[14]

Das Problem, dass Bergwerke das Land senkten, blieb bestehen – und war, zumal bei der Berichterstattung im Deutschen Reich, stark mit antifranzösischen Ressentiments aufgeladen. Das zeigt sich deutlich mit Beginn des Dritten Reichs, in der die französische Schatzgräberei propagandistisch ausgewertet wird:

> *Wenn man heute die große Straße von Saarbrücken nach Mainz fährt, so trifft man zwischen Saarbrücken und Neunkirchen auf freier, gerader Straße plötzlich ein Schild: Auto 10 Kilometer! Der fremde Kraftfahrer lacht wohl und denkt an einen schlechten Scherz. [...] Die Straße ist nicht mehr sicher, senkt sich hier, senkt sich dort, und die Bergwerksdirektion will mit diesem Zeichen die rechtliche Haftpflicht abwälzen. Soll noch daran erinnert werden, daß man an der saarländisch-französischen Grenze aus französischem Boden Schächte gegraben und von dort aus unter Tag Stollen weit in deutsches Gebiet hineingetrieben hat und die so gestohlene Kohle als französische bezeichnet?*[15]

Nicht immer jedoch war der Nachbar schuld, im konkreten Falle der Lothringer de Wendel.[16]. So lesen wir im Juli 1936 über einen „Gebirgsschlag auf Grube Maybach" in Saarbrücken, dass dort in der Tiefe „eine Strecke in einem Flöz teilweise zu Bruch" ging.

> *Zur fraglichen Zeit trat eine starke, Sekunden anhaltende erdbebenähnliche Erschütterung auf, die außer in Maybach auch in Quierschied und Bildstock wahrgenommen wurde. Die Erschütterung war so stark, daß die Arbeiter im Flöz gegen die Wand geschleudert und fünf voll beladene Kohlenwagen umgeworfen wurden.*[17]

Und Anno 1952 versank in Friedrichsthal

> *ein 14 Jahre alter Schüler in einer Erdspalte, die sich aus einer Grubensenkung gebildet hatte. Da die Spalte von einem Grubenbrand erfaßt war, erlitt der Junge in seiner hilflosen Lage schwere Verbrennungen, denen er am selben Tage erlag. Durch derartige Bergschäden hat es in derselben Gemeinde schon mehrfach Unfälle gegeben.*[18]

Zu diesen Berichten passt eine erbauliche und gereimte Erzählung der Hutterer in den USA, einer protestantischen Gruppierung mit strengen Moralvorstellungen. Sie kennen aus ihrer deutschen Heimat die alte Überlieferung vom Höllenloch von Hamburg. Was dort erzählt wird, passt jedoch besser auf Homburg und das Saarland mit seinen Flözbränden als auf Hamburg in Norddeutschland oder Bad Homburg in Hessen (das Pamphlet spricht von Hamburg in Hessen).

Die Tochter des ehrbaren Jörg Schneider, so heißt es in dem Gedicht, machte ihren Eltern keine Ehre – sie rannte den Burschen nach und trieb „groß Sünd und Schand". Es kam zum erwarteten Ende: Die Erde tat sich auf und verschlang sie.

> *Die Tochter hob an zu zittern / Und zu beben wie ich sag. / Da fing es an zu prasseln, / Und ward ein groß Gekrach. / Da kam ein dicker Rauch sehr warm, / Da ist die Tochter versunken. / Elend, bis unter die Arm.*
> *Sie thät wie Schwefel brennen, / Nach Schwefel es grausam stank, / Der Vater ist zugelaufen, / Ihm ward sehr angst und bang, / Ein Gasbock drang zu ihr herein, / Er brennt von lauter Feuer, / Leckt sie mit der Zunge sein.*
> *Darauf die Tochter verschwunden / Samt dem feurigen Gasbock. / Vor Schrecken man nichts sahe, / Denn nur das selbe Loch, / Darin die Tochter versunken war, / Kläglich höret man schreien / Ihre Stimme etlichs Mal.*[19]

Die Hölle holt sich also, was ihr gehört. Natürlich muss die Geschichte keinen wahren Kern haben – und doch gleicht sie der Pressemeldung von 1952. Dieses Kapitel begann mit einem göttlichen Stein – und ist schon am Höllenloch angelangt!

Brennende Berge

Der weltberühmte „Brennende Berg" von Dudweiler, der schwelt und qualmt, seit 1660 ein unvorsichtiger Hirte mit seinem ungelöschten Lagerfeuer einen Kohlenflöz entzündete, ist zu Recht eine der Sehenswürdigkeiten des Bundeslandes, auch wenn der Anblick heute weitaus weniger dramatisch ist als in früheren Zeiten und zuweilen nur noch ein Wärmeaustritt bemerkt werden kann. 1915 rauchte der Fels noch ausdrucksvoll:

> *Der „brennende Berg" [...] entwickelt zur Zeit, wie dies öfter im Frühjahr zu beobachten ist, eine lebhafte Tätigkeit. An nicht weniger als 23 Stellen der nördlichen Felswand zischen beständig kleine Dampfsäulen hervor. Diese*

Stellen verteilen sich auf drei Gruppen, deren jede einzelne mehrere Zerklüftungen mit ziemlich starker Dampfentwicklung aufweist, während die aus den anderen Stellen zischenden Dampfsäulen weniger stark sind. Die Naturerscheinung wird auf ein im Innern des Berges in einer Tiefe von 300 bis 400 Metern seit über 200 Jahren glimmendes starkes Kohlenflöz zurückgeführt. Das ganze Jahr über ist der brennende Berg das Ziel vieler Turisten [sic].[20]

Das Phänomen wurde schon in „Geheimnisse des Saarlandes" behandelt. Aber wie die möglicherweise aus Homburg stammende Geschichte belegt, kann es nicht der einzige derartige Fall gewesen sein.

Tatsächlich stößt, wer alte Zeitungen durchblättert, immer wieder auf ähnliche Flözbrände. Bei einem Grubenbrand in einem Stollen bei Dudweiler wurde im April 1906 „von fachmännischer Seite mitgeteilt, daß der Brand auf den sogenannten brennenden Berg zurückzuführen sei".[21] Andre Quellen sprachen jedoch von einem „durch Selbstentzündung der Kohle entstandene Flözbrand". Der Feuer wurde „durch Abdämmung alsbald auf seinen Herd beschränkt. Durch abziehende Brandgase wurde lediglich ein Bergmann betäubt."[22]

Und noch eine Kuriosität im Untergrund

Als wären Schwelbrände, Bodensenkungen, Erdeinbrüche und Erdrutsche noch nicht genug, erstreckt sich unter dem Saarland auch noch eine große Tropfsteinhöhle, die im Sommer 1907 erschlossen wurde.

Aus St. Ingbert in der Rheinpfalz wird geschrieben: Eine sensationelle Entdeckung, die für die Pfalz und ganz Deutschland von großem Interesse sein wird, ist in der Blieskasteler Gegend gemacht worden. Die Vermutungen, daß sich in dem Gebiete der Muschelkalkregion zwischen Blieskastel–Saargemünd, Bitsch und Zweibrücken Tropfsteinhöhlen befinden, gewinnt immer größere Wahrscheinlichkeit. Nicht allein beweisen zahlreiche Einbrüche und Erdsenkungen das Vorhandensein von Höhlen, sondern es können auch die Richtung und die Ausdehnung der Höhlen durch Färbung des Wassers bestimmt werden. Es ist nur darauf zu achten, wo das gefärbte Wasser wieder zutage tritt. Seit einigen Tagen wird bei Böckweiler der Versuch gemacht, eine derartige Höhle zu erschließen. Schallversuche haben ergeben, daß die Ausdehnung der Höhle mindestens 1,5 Kilometer beträgt. Da auch die Bodenbeschaffenheit der Gegend sehr abwechselungsreich ist – es kommen Weißkalk, Graukalk, Schieferkalk und Vogesensandstein und Tropfsteingebilde in Betracht – verspricht die Höhle eine Sehenswürdigkeit ersten Ranges zu werden. Da die kürzlich erschlossene Binghöhle (nach dem Erschließer Kommerzienrat Bing genannt) bei Streitberg in Oberfranken nur 300 Meter Länge besitzt, so wird die neue Höhle mit ihren 1500 Metern die größte Tropfsteinhöhle Deutschlands sein. Der Anthropologe Dr. Wilser-Heidelberg und der Naturforscher Dr. Mehlis-Neustadt beteiligen sich an den Erschließungsarbeiten.[23]

Erdbeben

Auch von Erdbeben blieb die Saar nicht verschont, wenn auch kaum von den sonst zuweilen gemeldeten übernatürlichen Begleiterscheinungen wie unheimlichen Lichtern, Vorahnungen oder seltsamem Tierverhalten berichtet wird. Das Erdbeben, das am 31. Oktober und 1. November 1869 die gesamte Südwesthälfte Deutschlands von der Bonner Gegend bis zum Mainzer Becken, bis Aschaffenburg, Heilbronn und Württemberg sowie hinein in die Pfalz erschütterte, war auch im Saarland zu spüren. Beben am 3. zum 4. Oktober und in der Nacht vom 26. zum 27. Oktober im Rhein-Main-Gebiet gingen der großen Erschütterung voraus.
Damals glaubten selbst Wissenschaftler, Erdbeben hingen mit Wetterwechseln zusammen, das wurde auch am 31. Oktober festgestellt: „Das Phänomen hängt wenigstens der Zeit nach mit einem Umschlag Windes und der Witterung zusammen. Am 30. October noch in der Frühe wurden auf dem Theile der würtembergischen Alb, den man die rauhe Alb nennt, 14 Grad R. [Réaumur] Kälte verzeichnet. Seitdem ist milde Witterung mit dicker, trüber Luft, so daß es in Stuttgart gestern fast nöthig war, bei Tag das Gas zu brennen, eingetreten." Dann erfolgten bis zu drei, insgesamt neun Sekunden lange Stöße.

Als südwestlichster Punct ist Saarbrücken bis jetzt bekannt. Der heftigste aller Stöße trat am Montag (1. Nov.), Morgens 4 Uhr 10 Min., ein. Wir lassen noch einige uns gütigst zugesandte Mittheilungen folgen: Saarbrücken, 2. Nov. Schon wieder habe ich Ihnen von zwei Erdbeben zu berichten, die in Saarbrücken beobachtet worden sind. Das erste fand statt am 1. Nov., Morgens 20 Minuten vor 4 Uhr, das zweite am 1. Nov., Nachts 5 Minuten vor

> *12 Uhr. Beide Erdbeben waren mehr als doppelt so stark, als das im October beobachtete; auch dauerten sie länger, als jenes, 8 bis 10 Secunden. Die Erscheinungen der letzteren waren abweichend von dem Erdbeben im October. Die Luft war ungemein ruhig.*

In Eberstadt bei Darmstadt war um 17 Uhr bei einem starken Stoß „ein ziemlich starkes donnerähnliches Getöse wahrzunehmen". In Frankfurt und Gießen klirrten die Fenster.[24]
Bei einem weiteren Erdbeben im September 1878 wurde „in den zahlreichen am Rhein liegenden Orten [...] die Richtung der Erschütterung als südwestliche bezeichnet, in Trarbach an der Mosel schien der Stoß aus Norden zu kommen, ebenso in Ottweiler und Mainz".[25]
Auch hier erlebten Orte, die näher am Zentrum des Bebens lagen, etwa in der Nordeifel, sehr unheimliche Erscheinungen: In Euskirchen war „das unterirdische Geräusch nur dumpf. Ungleich stärker war das Getöse sowohl als die Bewegung in Zülpich, wo starke Mauern Risse erhielten, Häuser krachten und die Glocken ertönten. [...] Auf dem Bahnhofe zu Eschweiler setzten sich Wagen in Bewegung und die Oberfläche eines ruhig fließenden Wassers ward zu fußhohen Wellen erhoben."
Vielleicht würde eine systematische Durchforstung saarländischer Lokalblätter auch zu diesen Gelegenheiten unerklärliche Begleiterscheinungen der Erdstöße ans Licht fördern. Denn gegeben wird es sie haben. Sie zeigten sich bei einem ebenfalls große Teile Deutschlands durchrüttelnden Beben im November 1911. Aus Beckingen erfuhr man:

> *Gestern abend [16. November 1911] gegen 10 Uhr 30 Min. wurde in Trier und im Moseltal ein heftiger, sechs Sekunden andauernder Erdstoß verspürt. Gegenstände an Wänden schwankten hin und her, Vögel flatterten ängstlich in den Käfigen.*
> *Beckingen (Saar), 17. Nov. Gestern abend gegen 10,30 Uhr wurde ein ziemlich heftiger, mehrere Sekunden anhaltender, wellenförmiger Erdstoß wahrgenommen. In einzelnen, größeren und massiven Gebäuden war die Erschütterung so heftig, daß Fenster und Türen aufflogen; Hängelampen pendelten hin und her, Küchenschränke drohten umzustürzen. Ein in der Küche sitzendes Mädchen, welches eingeschlafen war, hatte, durch die Schwankungen wach geworden, das Gefühl, als ob es jemand ganz unsanft aufgerüttelt habe. In einem anderen Hause empfand man das Gefühl, als sei eine Wand oder Mauer eingestürzt. Auch in der etwa zehn Kilometer von hier entfernten Kreisstadt Merzig, sowie in anderen Ortschaften diesseits und jenseits der Saar hat man das Beben gemerkt.*[26]

Einheimisches Radium

So manches unterirdische Wunder entzauberte sich rasch von allein. In den ersten Jahrzehnten des 20. Jahrhunderts hielt man Radium, das atomar strahlt, für eine Art Wunderwaffe im Kampf gegen viele Krankheiten (tatsächlich sind geringe Dosen gut, und zur Krebsbehandlung wird es nach wie vor Bestrahlung eingesetzt). So hoffte das Saarland, damals nach wie vor Zankapfel zwischen Deutschland und Frankreich, durch die Entdeckung natürlicher Radiumvorkommen zu neuem Wohlstand zu kommen.

> *Aus dem Saargebiet, das bekanntlich bis zur Volksabstimmung im Jahre 1935 dem Völkerbund untersteht, kommt eine Kunde, die, wenn sie nach offizieller Ueberprüfung bestätigt wird, von ungeheurer Bedeutung für ganz Europa und die Preisgestaltung für Radium in der ganzen Welt werden kann. Es handelt sich um die Entdeckung von Gesteinslagern an der preußisch-bayerischen Saarpfalz-Grenze im Landkreis Saarbrücken bzw. im Bezirksamt St. Ingbert, die eine so starke Radioaktivität aufweisen sollen, daß sich ein Abbau auf Radium lohnen soll. Der Radiologe Dr. h. e. Julius Mann soll diese radioaktiven Gesteine entdeckt und dazu ein neuartiges Aufschlußverfahren erfunden haben. Während man bisher zirka dreihundert chemische Prozesse absolvieren mußte, um ein Gramm Radium herstellen zu können, soll das Aufschlußverfahren Dr. Manns nur achtundvierzig Prozesse vorsehen, zu deren Durchführung nicht ganz zwei Monate benötigt werden, während früher das Herstellungsverfahren sechs Monate in Anspruch nahm. Und wie sieht es mit dem Vorrat der saarländischen Uranerze aus? Es verlautet, daß die Uranerze hier einen geschlossenen, pyramidenförmig in die Tiefe abstürzenden Gebirgsblock bilden, der mit seiner Spitze in einer Ausdehnung von zirka hundert bis dreihundert Meter direkt unter dem Humus und Abraum liegt, so daß der Abbau vorteilhaft im Tagbau erfolgen könnte.*

Doch es wurde gleich vor überzogenen Erwartungen gewarnt:

> *Diese Botschaft bedarf natürlich einer dringenden Ueberprüfung seitens der Wissenschaft und der Wirtschaft. Man darf gespannt sein, ob die theoretischen Berechnungen auch in der Praxis sich als stichhaltig erweisen werden. Daß dies im Interesse Deutschlands zu wünschen wäre, geht schon aus dem immer größerem Anwendungsbereich des Radiums zu Heilzwe-*

> *cken und naturwissenschaftlichen Forschungen und aus der Tatsache hervor, daß der Radiumpreis trotz seines Kurssturzes noch immer für uns unerschwinglich ist. Die steigende Bedeutung des Radiums bringt es aber leider mit sich, daß von Zeit zu Zeit an verschiedenen Stellen Europas ein „Radiumrausch" ausbricht, wie zum Beispiel vor nicht zu langer Zeit in Oesterreich, und daß dann nichts als die Enttäuschung übrig bleibt. Hoffentlich geht es mit dieser Botschaft aus dem Saargebiet nicht ebenfalls so. Es ist jedenfalls angebracht, bis zur genauen Ueberprüfung der Angelegenheit die notwendige Zurückhaltung zu wahren.*[27]

So war es denn auch: „Die Berichte von namhaften Radiumfunden bei Mettlach an der Saar sind irrig", teilte der „Lippspringer Anzeiger" kurz und knapp zwei Monate später am 4. März 1933 mit.
Die Saar ist reich an Bodenschätzen, und der Untergrund war dort stets etwas rätselhafter als anderswo!

14 — Unwetter und Wettergewalten

Ein Unwetter kann in kürzester Zeit ein Tal in einen See verwandeln oder die Ernte eines ganzen Jahres vernichten. Kein Wunder, dass man im Mittelalter glaubte, es handele sich um eine Strafe Gottes. Unerwartet und unvorhersehbar prasselt Hagel nieder, decken Windhosen Dächer ab. Unwettern wohnt also etwas Bedrohliches und auch Geheimnisvolles inne. Auch heute noch, wenn man zum Beispiel an die Überflutung des Saarlandes im Mai 2024 denkt.
Die ganze Gewalt eines solchen Unwetters schildert ein Pressebericht vom Mai 1853

> *Gestern Abend [13. Mai 1853] zog von 6–8 Uhr ein Gewitter über unsere Stadt her, welches mit verheerender Gewalt – wolkenbruchartig– Ströme von Wasser niederschüttete. Der Schaden, welchen dasselbe in Gärten und in Feldern anrichtete, ist beträchtlich, namentlich dadurch, daß die eben erst eingesäeten Beete etc. gänzlich durchwühlt und von dem durch die von den Bergen herabströmenden Wassermassen mitgeführten Sand so überschwemmt sind, daß nur mit großer Mühe und Kosten die Melioration [Verbesserung der Ertragsfähigkeit] wieder herzustellen ist. Von den die Berge hinanführenden Treppen strömte das Wasser nicht mehr en cascade, sondern wie durch Rinnen, und viele mit Mühen angelegten Terrassen sind herabgestürzt. Gegen 8 Uhr brachen in dem in der Nähe der Französischen Gränze gelegenen Drahtzugerweiher die Wassermassen mit Gewalt durch die Dämme, stürzten sich auf den unterhalb gelegenen Deutschmühlenweiher und gegen den 30 Fuß hohen Damm der Eisenbahn nach Forbach, welcher dermaßen zerrissen wurde, daß die Schienen, Schwellen und der Oberbau auf eine Strecke von mehreren Ruthen [1 Rute = ca. 3,80 m] in den neben dem Damme befindlichen Wasserdurchlaß herabfielen; der wohlgebaute Weg nach dem Schanzenberge ist fast ganz weggespült und die kleine Brücke vor demselben zusammengestürzt, so daß die Kommunikation zwischen Saarbrücken und Gersweiler für Fuhrwerk ganz unterbrochen ist und durch eine Nothbrücke vorläufig wieder hergestellt werden muß. Auch die Eisenbahn hat ihre Kommunikation zwischen dem hiesigen Bahnhofe und Forbach auf einige Zeit einstellen resp. durch Omnibus ersetzen müssen; bei der auf die Wiederherstellung des Dammes verwandten Arbeitskraft steht jedoch zu erwarten, daß bis zum 15. oder 16. d. M. die Fahrten wieder regelmäßig erfolgen können. Der Schaden im Allgemeinen läßt sich zwar noch nicht genau bestimmen, ist vorläufig aber auf mehrere Tausend Thaler zu veranschlagen.*[1]

Naturgewalt: ein Blitz.

Man könnte ganze Bücher mit zeitgenössischen Berichten über katastrophale Gewitter füllen. Am 1. August 1878 etwa ging über dem rheinland-pfälzischen Saarburg ein Gewitter nieder, bei dem drei Menschen, die in einem Heuhaufen Schutz suchten, vom Blitz getroffen wurden – ein Mann wurde lebensgefährlich verletzt, einer getötet, ein Mädchen auf der Seite gelähmt.[2]

Am 10. Mai 1891 traf es Beckingen im Kreis Saarlouis:

> *[Ein furchtbares Unwetter] hat sich gestern nachmittag über der hiesigen Gegend entladen. Unaufhörlich zuckten die Blitze, Donnerschläge, in Strömen fiel ein Platzregen wolkenbruchartig hernieder, mächtige Sturzbäche bildend. In dem benachbarten Goldbach schwoll ein sonst sehr harmlos frisches Bächlein von kaum ¼ Stunden Länge mit unheimlicher Schnelle zum Strome an. Das wilde Wasser stürzte in mehrere Häuser. Eine Frau versuchte ihr Vieh zu retten, wurde aber von dem Wasser fortgerissen. Sie schwebte in höchster Gefahr, da das reißende, mehrere Meter tiefe Wasser jede*

> *Annäherung unmöglich machte. Die Tochter versuchte nun die Mutter zu retten, doch auch sie wurde vom Strome fortgerissen und nun trieben beide mindestens dreißig Meter abwärts, bis es ihnen gelang, einen im Wasser stehenden Wagen zu erfassen und sich an demselben so lange festzuhalten, bis das Wasser sich verlaufen hatte. Schreck und Aufregung haben die ältere Frau auf das Krankenlager geworfen. Überall richtete das Unwetter große Verheerungen an. Bäume und Sträucher sind entwurzelt, der Grund und Boden in Feldern und Gärten auf weite Strecken fortgeschwemmt, die Saatkartoffeln bloßgelegt und fortgetrieben – Felder und Wiesen vielfach total versandet. Manche Hoffnungen auf eine gute Ernte sind vernichtet.*[3]

Nicht jedes Unwetter schüttet Regen aus. Im Schneesturm vom 19. Februar 1892 starb der 60-jährige Bergmann Kaspar Hoffmann von Knausholz: „Auf dem Wege von Schwalbach nach seiner Heimat verirrte sich der von der Nacht überraschte Wanderer; gestern Morgen fand man die Leiche unter einem Schneehügel in einem Hohlwege."[4]
Häufiger aber waren – gerade in einer Zeit, als man noch viel im Freien arbeitete – Todesfälle durch Blitzschlag. Am 8. Juni 1894 erschlug ein Blitz in Dörrenbach bei Ottweiler einen Mann, der mit seiner Kuh auf dem Feld arbeitete. „Die Leiche war schwarz verbrannt. Der Unglückliche hinterläßt eine Frau mit acht unmündigen Kindern."[5]
Tragische Todesfälle konnten auch nur mittelbar von Unwettern ausgelöst werden, als sich beispielsweise beim Bahnhofserweiterungsbau Völklingen am Nachmittag des 26. Oktober 1912 „plötzlich die durch den Regen der letzten Tage gelockerten Gesteinsmassen" lösten und drei Arbeiter begruben. „Zwei wurden gerettet, der eine war sofort tot."[6]
Schließen wir mit einem letzten Bericht, der an die Flutkatastrophen der letzten Jahre erinnert:

> *In der siebten Abendstunde des Freitags [2. Juni 1934] ist über dem Saargebiet ein schweres Gewitter niedergegangen, das zwar den seit lange ersehnten Regen reichlich brachte, aber auch mancherlei Schaden anrichtete. Besonders in Werndt hat das Gewitter ziemlich übel gehaust. In Groß-Rosseln und Umgebung (bei Saarbrücken) schlug der Blitz in mehrere Häuser ein. Die Wassermassen stürzten den Berghängen in die Straßen und rissen die Pflaster an vielen Stellen auf. Felder und Gärten wurden vollständig überschwemmt.*[7]

Selbst heute noch ist niemand sicher vor den Naturgewalten. Noch immer packt den Betrachter das Grauen, wenn Starkregen die Flüsse über die Ufer treten lässt. Wie jüngst im Mai 202. Zu Anfang ließ der ununterbrochene Starkregen nur eine Tiefgarage in Saarlouis volllaufen,[8] doch am nächsten Tag traf es das gesamte Saarland mit voller Wucht. Am 17. Mai 2024 fielen 100 Liter pro Quadratmeter vom Himmel, jedenfalls mehr als generell im gesamten Monat April. Große Teile Saarbrückens standen unter Wasser, die Saar schwoll an und flutete die Stadtautobahn, das Wasser in den Straßen der Stadt reichte den Anrainern bis zum Knie und Landstraßen wurden überschwemmt. Die Stadt rief Großschadenslage aus, verschiedene Gebäude wurden evakuiert. Ein Dammbruch bei Saarbrücken überflutete ein Kohlekraftwerk, viele Gemeinden riefen Katastrophenalarm aus. Denn neben der Saar wallten auch die Blies und der Saarbach auf und fluteten die Dörfer Fischbach-Camphausen, Fechingen und vor allem Blieskastel.

Das Lagezentrum in Saarbrücken registrierte mehr als 3000 Polizei- und Rettungseinsätze im Saarland, das Innenministerium sprach von mehr als 2400 Einsätzen der Feuerwehren und anderer Hilfsorganisationen.[9]

Hagel

Kommt zu Wind und Regen und Blitz noch Hagel, wird ein Unwetter noch zerstörerischer. Manchmal werden Hagelkörner von schier unglaublicher Größe gemeldet – große Eisklötze oder Eismeteore –, doch es genügen schon die oft eiergroßen gewöhnlichen Hagelsteine.

Diese richteten bei einem Unwetter am 16. August 1891 in Merzig und Umgebung saarabwärts, in Luxemburg und im Südosten Belgiens unermesslichen Schaden an, besonders beim Obst. „Es fielen Eisstücke bis zu Enten-Ei-Größe."[10]

Ein „schreckliches Hagelwetter, das von einem ebenso schrecklichen Orkan begleitet war", suchte am 28. Juli 1895 um 19 Uhr Hasborn wie auch die umliegenden Gemeinden Steinbach, Dörsdorf, Scheuern, Lindscheid, Neipel, Überroth, Niederhofen und Dautweiler heim. Der Orkan deckte Dächer ab, schleuderte das auf Kasten stehende Wintergetreide mehrere hundert Meter weit und ließ es im Schmutz liegen und entwurzelte jahrhundertealte Eichen und Nussbäume, „während die hühnereidicken Schlossen sämmtliches auf dem Felde so üppig prangende Sommergetreide und Futterpflanzen gänzlich zerschlug".[11]

Am 7. Juni 1910 wiederum vernichtete ein Hagelsturm bei Merzig binnen zehn Minuten die ganze Obst- und Kornernte.[12]

Windhosen

Die Wissenschaft erklärt die immer wieder vorkommenden Regen von Fröschen, Fischen und Kröten damit, dass ein Wirbelwind einen Teich leert und seine Bewohner woanders wieder herabfallen lässt. Im Gebiet der Saar ist ein solcher Regen von Lebewesen bisher nicht gemeldet worden (es ist auch nicht sicher, ob die Erklärung in jedem Fall zutrifft), wohl aber Wirbelwinde und Wasserhosen.

Am 14. August 1906 richtete ein Wirbelsturm in den Obst- und Parkanlagen von Saarburg große Schäden an und stürzte ganze Baumreihen um,[13] am Abend des 24. Juni 1910 richtete eine Windhose in Saarlouis „großen Schaden" an,[14] am Nachmittag des 8. Juli 1952 starben zwei Menschen in Saarbrücken-Burbach, als ein Windwirbel eine Ruinenwand umwarf, die auf einen Neubau stürzte. Dort arbeiteten vier Männer, zwei wurden verletzt, zwei getötet.[15]

Wasserhose

Das Chaos einer Wasserhose aus nächster Nähe lässt sich kaum besser beschreiben als in dem Bericht, den die „Bonner Zeitung" im Dezember 1882 aus St. Avold brachte. Um Mitternacht am Sonntag, den 26. November 1882, wurden die Bewohner der Stadt durch ein tosendes Geräusch aus dem Schlaf gerissen. Es war das Brüllen einer Wasserhose,

> *die überall die furchtbarsten Verheerungen anrichtete und sich mit ungeheurer Geschwindigkeit fortbewegte. In kaum einer halben Stunde war die Mertzelle, welche durch St. Avold fließt, aus den Ufern getreten und hatte einen Theil der Stadt unter Wasser gesetzt. In wenigen Minuten waren Keller und Erdgeschosse überschwemmt und die Bewohner der am Meisten bedrohten Häuser mußten in die oberen Geschosse flüchten. Die Ueberschwemmungen der Mertzelle sollten aber, wie sich sehr bald zeigte, nur das Vorspiel zu einer noch viel grauenhaftern Scene sein, die sich am Sonntag früh 8 Uhr abzuspielen begann. Die Rosselle, welche schon aus ihrem Bette getreten war, verwandelte sich in Folge eines Dammdurchbruchs am Weiher von Merbette in ein Meer. Sämmtliche Gerbereien, das Schlachthaus, die Mühlen und die prächtigen Gärten, welche auf beiden Seiten des Flusses in der Nähe der Stadt liegen, sind überschwemmt. Die Rosselle selbst, groß und schäumend wie noch nie zuvor sie Jemand gesehen hat, rollte brausend dahin und führte die mannigfachsten Hausgeräthe, gan-*

> *ze Fuder Heu und selbst lebende Thiere mit sich fort. Der Schaden in den Gerbereien wie in den Gärten ist sehr beträchtlich, denn in diesen Anlagen hat das Wasser die größten Verwüstungen angerichtet und viel werthvolles Material fortgeschwemmt.*[16]

Es war ein Tag der Wetterextreme – gleichzeitig führten der Rhein und seine Nebenflüsse Neckar und Main Hochwasser, die gesamte Rheinebene zwischen Ludwigshafen und Frankfurt war ein einziger, großer See.[17]

Und wo bleibt das Positive?

Nach all den Katastrophen soll eine versöhnliche Meldung den Abschnitt beenden. Durch die menschgemachte Klimaerwärmung sind wir mittlerweile milde, allzu milde Winter gewohnt – früher aber waren die Winter noch hart, frostig und eisig. Da war es schon eine Zeitungsnachricht wert, wenn bereits im März das Gras wuchs:

> *Riegelsberg (Reg.=Bez. Trier), 8. März. [Als ein seltenes Vorkommniß.] als Hauptmerkmal des heurigen milden Winters, verdient verzeichnet zu werden, daß, wie die „St. J. Z." hört, Herr Gastwirth Feld heute auf einer Flurwiese den ersten Wagen frisches Gras mähte. Das junge Grün hat bereits die stattliche Durchschnittshöhe von 40 Ctm. erreicht.*[18]

15 — Die launische Saar und die tückische Blies – die unberechenbaren Flüsse

Die Saar ist ein größeres Gewässer als so mancher Rheinzufluss wie die Lahn, die Ahr, die Sieg, die Wupper oder die Lippe, sie ist aber auch kein gewaltiger Strom wie Rhein, Donau oder Elbe.

Und dennoch birgt sie zerstörerisches Potenzial und sorgt immer wieder für Überschwemmungen, im Winter ist sie mit Eis bedeckt oder in Dürrejahren fast ausgetrocknet. So kennt der Fluss wie das Meer seine Gezeiten, nur in einem viel langsameren Maßstab. Das ist schon seit Jahrtausenden so.

Werfen wir einen Blick auf diese Extreme.

Hochwasser

Ein Hochstand der Saar kann lange dauern. 1840 standen die Wiesen um Mettlach zwei Monate lang unter Wasser, dadurch wurden „alle Maulwürfe vertilgt".[1]

Um Juli 1879 stieg das Wasser durch anhaltende Regenfälle in die Höhe, die „schmutzig-gelben Fluthen des Flusses" überfluteten die Wiesen,[2]in der Nacht zum 2. Januar 1880

Die Saar hat Hochwasser. Briefmarke, Erstausgabe 12. Oktober 1948.

schmolz die Eisdecke der Saar und überschwemmte die Ufer in kurzer Zeit,[3] im November 1882 standen große Teile von Saargemünd durch die „angeschwollene Saar" unter Wasser.[4] Ebenfalls anhaltender Regen verursachte die Überschwemmungen vom 5. Juni 1887: „Mehrere Brücken, Badeanstalten sind weggerissen".[5]

Regen ließ die Saar im November 1890 bei Saarlouis über die Ufer treten,[6] die Eisschmelze im Januar 1895.[7] Im November betrug der Pegel bei Saarlouis 4,40 Meter über dem Durchschnittsstand, die Saarbrücke wurde für den Verkehr gesperrt.[8]

Weitere Überschwemmungen folgten im März 1896, im Februar 1897 hatten Saar und Blies Hochwasser, im September 1897 trieben Feldfrüchte und Heu auf dem angeschwollenen Fluss.[9]

Am 2. Januar 1899 entlud sich „ein heftiges Gewitter [...] über das obere Saarthal. Die Saar steigt so stark, daß sie stellenweise das Ufer übertreten hat."[10] Im September 1901 betrug die Pegelhöhe in Saarlouis 3 m,[11] im Februar 1910 führten Saar und Prüm Hochwasser, auf „beiden Flüssen ist der Fährbetrieb eingestellt".[12]

Am 25. Februar 1920 hatte die Saar „die Unterstadt in Saarburg völlig überschwemmt".[13] Zwei Jahre später führten Saar und Mosel „wieder große Wassermassen mit sich, die wieder Hochwasser befürchten lassen". Im März 1912 wurde die Schifffahrt auf der Saar wegen Hochwassers eingestellt.[14]

Hochwasser suchte die Saaranrainer im März 1914 und im November 1924 heim, im Dezember 1925 zusätzlich die Menschen an der Blies und im unteren Saartal.[15]

Im Februar 1925 bestand Hochwassergefahr entlang der Saar,[16] im Februar 1928 stand die Turnhalle von Sankt Wendel unter Wasser,[17] weitere Hochwasser wurden im November 1928 und im Februar 1929 verzeichnet.[18]

„Die Saar tobt" hieß es dann im Oktober 1930. Infolge heftiger Regengüsse in der Nacht vom 5. Oktober glich die

> *sonst so ruhige Saar [...] einem wilden Gebirgsstrom. In Saarbrücken ist der Wasserstand in der einen Nacht plötzlich um mehr als zwei Meter gestiegen, so daß die Anlagen an der Saar sowie der Flugplatz teilweise unter Wasser stehen. Der Flugverkehr konnte nur beschränkt aufrechterhalten werden. Die Eisenbahnstrecke Saarbrücken–Saargemünd mußte teilweise unterbrochen werden, da bei Auersmacher die Gleise überspült wurden. Ein dort vor kurzem errichteter Notbahnsteig wurde völlig fortgerissen. Der Fechinger Bach schwoll so plötzlich an, daß völlig unerwartet nicht nur Keller und Stallungen, sondern auch tieferliegende Wohnräume einen Meter hoch unter Wasser standen. Das Vieh konnte nur teilweise in Sicherheit gebracht werden.*

> *Von den verschiedensten Orten wird gemeldet, daß die Wassermassen ganze Straßenzüge aufgerissen haben. Bei Saarlouis wurde ein ganzes Balkenlager weggeschwemmt. Die Balken legten sich quer vor eine Brücke und türmten sich drei Meter hoch, so daß der Abfluß des Wassers erschwert wurde. In der Gegend von Saarlouis sind zahlreiche Verkehrsstraßen unterbrochen. Die Gemüsefelder von Eisdorf stehen unter Wasser. Auch Merzig meldet Ueberschwemmung und Verkehrsstörungen. Nachdem gestern der Wasserstand in Saarbrücken von 5,78 Meter wieder auf 5,40 Meter zurückgegangen war, ist infolge der starken Zuflüsse aus den Vogesen eine erneute Steigerung eingetreten. Heute morgen beträgt der Wasserstand schon wieder 5,70 Meter. Weiteres starkes Steigen wird vom Oberlauf gemeldet. Schon jetzt wird man sagen können, daß das Hochwasser ganz erheblichen Schaden angerichtet hat.*[19]

„In Ottweiler rissen spät abends die Fluten die Badeanstalt fort und schwemmten sie gegen die Brücke an, so daß sich das Wasser staute. Nur mit Mühe konnte die Gefahr beseitigt werden."[20] Noch im November 1930 war Land unter. In Saarlouis „gleicht die Landschaft einem weiten See. Auch die Nebenflüsse der Saar sind über die Ufer getreten. Bei Dudweiler brach der Deich des Jakobweihers."[21]
Das sind karge Worte, hinter denen sich Schicksale und Tragödien verbergen. Saarhochwasser setzen nicht nur Uferwiesen, Straßenzüge und Gärten unter Wasser. Wie 1930 können sie äußerst zerstörerisch wirken. Anfang September 1931 traf es das obere Saartal um Sarrebourg, kurze Zeit später die Region um Saarbrücken.

> *In der Nähe von Bethelmingen unterspülten die Wassermassen den Bahndamm. Als ein Kohlenzug von Saargemünd an der Stelle vorbeifuhr, rutschten die Erdmassen ab, und acht Wagen des Zuges stürzten den Bahndamm hinunter, so daß sie sich überschlugen. Ein Bremser des Zuges wurde unter den Trümmern begraben und konnte erst nach stundenlangem Suchen als Leiche geborgen werden. Der Zugführer ließ Warnungspatronen auslegen. Durch diese wurde der Führer eines Personenzuges gewarnt, der kurze Zeit später die Strecke passieren mußte. Der Zug konnte aufgehalten werden.*[22]

Im Januar 1932 und im Dezember 1935 erfolgten weitere Hochwasser und Überschwemmungen.[23] Ein Hochstand des Flusses aber reicht schon für ein Unglück. 1942 stieg ein Mädchen am Güdinger Wehr mit zwei Freunden in ein Boot *und wurde von der Strömung der Hochwasser führenden Saar abgetrieben. Kurz vor dem Wehr sprang das Mädchen in seiner Angst aus dem Boot, so daß dieses kenterte. Alle drei Personen waren des Schwimmens unkundig. Ein Lehrling versuchte schwimmend die Verunglückten zu retten, wurde aber von den Ertrinkenden gefaßt und über das Wehr gezogen Es gelang ihm schließlich, einen der beiden Schüler mit Hilfe eines Gendarmeriebeamten an Land zu bringen. Das Mädchen und ein Schüler sind ertrunken.*[24]

Und so weiter. Die Saar ist ein tückischer und gefährlicher Geselle. Extremhochwasser gab es 1947 und 1993 kurz vor Weihnachten mit einem Rekordpegelstand von neun Metern in Saarbrücken.[25]

Niedrigwasser

Dürrejahre bringen Niedrigwasser mit sich. Besonders dramatisch gestaltet sich das am Rhein, wenn selbst die Fahrrinne praktisch leer steht. Über die Saar lassen sich wenige Notizen finden, man darf aber annehmen, dass ein Niedrigstand der Mosel auch einen niedrigen Pegel der Saar bedeutete.

Die Mosel führte am 8. September 1198 westlich von Koblenz so wenig Wasser, dass sich die im Kriege liegenden Truppen von König Philipp von Schwaben und Kaiser Otto IV. eine Schlacht mitten im ausgetrockneten Bett der Mosel liefern konnten. Im November 1857 stand das Moselwasser bei Koblenz erneut so nieder, dass Fußgänger auf trockenem Boden auf die Moselinsel Hundsschwanz gelangen konnten, eine Sandbank, die im 19. Jahrhundert auch als Hafen diente.[26]

Im Sommer 1875 wurde Niedrigwasser bei Saarburg gemeldet,[27] im Juli 1870 konnte man in Trier „trockenen Fußes auf die Zurlaubener Moselinsel gehen".[28]

Im Sommer 1934 führte die Mosel monatelang Niedrigwasser, Schiffe liefen auf Felsen auf,[29] im Juni 1938 war die Pferdemosel bei Nennig fast trocken und konnte „wieder an verschiedenen Stellen trockenen Fußes durchschritten werden".[30]

Eis auf der Saar

Die moderne Klimakrise begann mit der Industrialisierung in Europa, und doch waren die Winter vor mehr als 150 Jahren noch kalt genug, um Rhein, Mosel, Main und Saar zufrieren zu lassen. Von geschlossenen Eisdecken und Eisgang auf der Saar berichten die Zeitungen fast jährlich.

Eisgang nennt man das Treiben von Eisschollen in Flüssen. Er entsteht auf zweierlei Weise: erstens, wenn sich auf der Oberfläche des Fließgewässers Schollen bilden, zweitens, wenn eine zuvor geschlossene Eisdecke aufbricht. Die zweite Variante ist gefährlicher, weil sie zu Hochwasser führen kann – oder zur Bildung von Eisdämmen, die einen Fluss stauen.

Im Januar 1854 war der Eisgang so stark, dass sich kein Schiffer auf die Saar traute.[31] Im Februar 1855 prallte das treibende Saareis an der Mündung gegen die geschlossene Eisdecke der Mosel.[32] Mit „nie dagewesener" Kraft begann der Eisgang der unteren Saar Ende Dezember 1879, „innerhalb 4 Minuten wuchs die Saar gegen 1 Meter",[33] im Januar 1891 wurde „starker Eisgang auf der ganzen Saar" gemeldet, der bei Saarlouis am 27. Januar aufbrach und sich in Bewegung setzte.[34]

„Der Eisgang der Saar hat sich bis jetzt ohne alle Schwierigkeiten vollzogen", hieß es im Januar 1893, das Eis sei „von Gödingen abwärts in Bewegung".[35] Im Jahr darauf führte die Saar am 17. Januar bei St. Johann „Treibeis bei normalem Wasserstand. Das Eis geht ohne Gefahr ab."[36]

Im Dezember 1899 war die Saar „an vielen Stellen zugefroren",[37] im Februar 1929 nicht nur die Saar. Deutschland erstarrte bei bis zu 28 Grad minus, der Rhein hatte eine Eisde-

Eis auf der Saar, 1929.

Eis auf der Saar, 1929.

cke, die bei Ludwigshafen ein Karussell trug, die Saar zeigte ab Anfang Februar Eisgang,in Saarbrücken überzog ab dem 14. Februar eine dicke Eisdecke den Fluss. Zwischen Alter Brücke und Luisenbrücke tummelten sich Schlittschuhläufer. Zwei Tage später brach das Eis. Langsam näherten sich die Schollen der Mündung, Ende Februar „kam das Eis an der Mündung der Saar in die Mosel bei Conz ins Treiben" und die Saar war wieder „offen von der Mündung bis nach Saarhölzbach".[38]

Auch im Dezember 1933 fror die Saar teilweise zu,[39] doch im Laufe des letzten Jahrhunderts kam das immer seltener vor. Im Januar 2017 trieben Eisschollen im Fluss, manche Strecken froren sogar ganz zu. Die Zeitungen warnten dennoch vor Übermut: Die Eisdecke sei längst nicht so stark, dass sie Menschen tragen könne, hieß es.[40]

Hochwasser, Niedrigwasser und Eisdecke sind ohne Zweifel ganz natürliche Phänomene, und doch sind es Erscheinungen von großer Dramatik. Und sie werfen so manche Frage auf: Wird Eis auf der Saar zu einem Wunder werden? Wie wird sich der Klimawandel auf die Hochwasserlagen und das Austrocknen der heimischen Flüsse auswirken? Fragen über Fragen, die erst die Zukunft beantworten wird.

Anmerkungen

Einleitung

1 *Kölner Stadt-Anzeiger*, 23. März 2024.

2 *General-Anzeiger*, Bonn, 31. Dezember 1936.

3 *Badische Presse*, 14. Januar 1936.

4 *Dorf-Chronik und Grafschafter*, 8. Januar 1906.

5 *Staatsanzeiger für das Großherzogtum Baden*, 24. Oktober 1903.

6 *General-Anzeiger*, 25. April 1919.

7 *Kölnische Zeitung*, 9. Oktober 1868.

8 *Westdeutsche Zeitung*, 27. Februar 1894.

9 *Aachener Anzeiger*, 4. August 1896, S. 4.

1 – Seltsame atmosphärische Erscheinungen

1 Goethe, J. W. von: *Aus meinem Leben. Dichtung und Wahrheit.* Zweiter Teil. Gesammelte Werke, Band 99. Stuttgart: Union Deutsche Verlagsanstalt 1891, S. 279.

2 Lohmeyer, S. 259.

3 Lohmeyer, S. 282.

4 Lohmeyer, S. 279, 280.

5 Lohmeyer, S. 313.

6 *Der Post-tägliche Mercurius oder ein gantz besondere Post-tägliche Relation, von den wichtigsten in Europa vorgegangenen Novellen, mit couriosen Raisonemens und politischen Reflexionen untermenget*, 15. Februar 1708, S. 10

7 *Sobernheim-Kirner Intelligenz-Blatt*, 11. April 1866, S. 2.

8 *Sobernheim-Kirner Intelligenz-Blatt*, 1. September 1867, S. 3.

9 *Solinger Kreis-Intelligenzblatt*, 31 Mai 1871.

10 *Bonner Zeitung*, 9. Mai 1878.

11 *Gladbacher Volkszeitung*, 25. August 1887.

12 *Mayener Volkszeitung*, 12. Mai 1906, S. 2.

13 *Mayener Volkszeitung*, 21. Juni 1906.

14 *Wittener Volks-Zeitung*, 27. Juni 1906.

15 *General-Anzeiger für Dortmund*, 7. Juli 1906.

16 *Ohligser Anzeiger*, 27. August 1906.

17 *General-Anzeiger der Stadt Mannheim*, 3. Juni 1911, S. 4.

18 *General-Anzeiger der Stadt Mannheim*, 27. Juli 1911.

19 *Bensberger Volkszeitung*, 27. Juni 1912.

20 *Honnefer Volkszeitung*, 6. Juli 1926.

21 *Karlsruher Tagblatt*, 26 Juni 1931.

22 *Niederrheinische Volkszeitung*, 15 Mai 1936.

23 *Die Rheinpfalz*, 3. Februar 2000.

24 *Bergische Zeitung*, 30. Juni 1883.

25 *Velberter Zeitung*, 13. Juli 1940.

2 – Meteore, Meteoriten und Meteoritenkrater

1 *Nahe-Blies-Zeitung*, 15. Juni 1867.

2 *Aachener Anzeiger*, 4. Dezember 1890.

3 *Kölnische Zeitung*, 2. Mai 1892.

4 *Echo der Gegenwart*, 27. November 1895, S. 5.

5 *Rhein- und Ruhrzeitung*, 3. September 1897.

6 *Der neue Tag*, 24.1936, S. 9.

7 *Der Führer*, 9. August 1938.

8 *Rheinisches Volksblatt für die Kreise Düsseldorf, Solingen und Mettmann*, 12.September 1878, S. 3.

9 *Kölnische Zeitung.*, 17. Oktober 1890.

10 *Bonner Tageblatt*, 29.10.1890.

11 https://www.chiemgau-impakt.de/2020/01/27/chiemit-ein-bemerkenswerter-fund-beim-saarland-impakt/ und http://www.chiemgau-impakt.de/2011/07/18/der-chiemgau-impakt-auch-im-saarland/ (Zugriff am 22. März 2024). Dort auch weitere Links.

12 *Rhein- und Mosel-Bote*, 28. Juli 1855, S. 4.

3 – UFOs früher und heute

1 *Norddeutsche allgemeine Zeitung*, 23. August 1890.

2 *General-Anzeiger für Dortmund*, 5. Juli 1909.

3 *Schwäbischer Merkur*, 9. August 1910.

4 *Weißeritz-Zeitung*, 31. Juli 1914.

5 *Dürener Zeitung*, 31. Juli 1914.

6 *Hamborner Volks-Zeitung*, 31. Juli 1914.

7 *Sauerländisches Volk*sblatt, 24. Dezember 1914.

8 *General-Anzeiger für Halle*, 3. November 1917.

9 *Kölnische Zeitung*, 23.April 1931; *Lippspringer Anzeiger*, 25. April 1931.

10 *Duisburger General-Anzeiger*, 6. Juli 1931.

11 *Kölnische Zeitung*, 28. April 1932.

12 *Kölnische Zeitung*, 7.September 1932; *Der Landbote*, 8.September 1932.

13 *Das Volk*, 18. März 1950, S. 2, am gleichen Tag ebenfalls das *Offenburger Tageblatt* und der *General-Anzeiger*, und am 17. März die *Badischen neueste Nachrichten*, am 22. März die*Schwerter Zeitung.*

14 Michel, S. 103ff.

15 Michel, S. 104–105.

16 https://ufologie.patrickgross.org/1954/19oct1954valette.htm

17 https://ufologie.patrickgross.org/1954/21oct1954longevillelessaintavold.htm

18 https://ufologie.patrickgross.org/1954/1nov1954sarreguemines.htm

19 Hans-Werner Peiniger, persönliche Mitteilung, 11. März 2024.

20 Hans-Werner Peiniger, persönliche Mitteilung ,10. Mai 2022.

21 Hans-Werner Peiniger, persönliche Mitteilung, 5.November 2021.

22 Hans-Werner Peiniger, persönliche Mitteilung, 4. Oktober 2023 und 5. November 2021.

23 Hans-Werner Peiniger, persönliche Mitteilung, 23. Mai 2022.

24 Hans-Werner Peiniger, persönliche Mitteilung,29. August 2020.

25 Hans-Werner Peiniger, persönliche Mitteilung, 21. August 2022.

26 *rheinpfalz.de*, 27. April 2020.

27 GEP-Datenbank, Nummer20121102 A.

28 Hans-Werner Peiniger, persönliche Mitteilung, 26.2.2023.

29 Hans-Werner Peiniger, persönliche Mitteilung, 4.11.2023.

30 Hans-Werner Peiniger, persönliche Mitteilung, 24.8.2022.

31 Hans-Werner Peiniger, persönliche Mitteilung, 27.9.2021.

32 Hans-Werner Peiniger, persönliche Mitteilung, 2.6.2024; Stefan Hahmann, 13.6.2024.

33 http://www.grenzwissenschaft-aktuell.de/kornkreise-2017-neue-formationen-im-juni20170707/

34 zitiert nachMariotte, S. 44.

35 *Der Grafschafter*, 10. Juni 1942, S. 3.

4 – Spuk – manchmal gewöhnlich, manchmal übernatürlich

1 Schroot, S. 257.

2 Lohmeyer, S. 111, Nr. 209.

3 Lohmeyer, S. 329.

4 Lohmeyer, S. 188.

5 Lohmeyer, S. 244.

6 Lohmeyer, S. 164.

7 Junkes, S. 200.

8 Peifer2023.

9 Lohmeyer, S. 129, Nr. 243.

10 Lohmeyer, S. 153, Nr. 289.

11 Alan Murdie, E-Mail an den Verfasser vom 26. Oktober 2023.

12 *Deutsche Reichs-Zeitung*, 7. Dezember 1875.

13 *Solinger Zeitung*, 16. Mai 1881.

14 *Hallesches Tageblatt*, 23. Mai 1886.

15 *Rheinisches Volksblatt*, 22. Mai 1894, S. 3.

16 Albert Becker, S. 111.

17 *Mittelrheinische Landes-Zeitung*, 27. Januar 1937.

18 *focus.de*, 30. Oktober 2016.

19 https://www.ksta.de/freizeit/ausfluege-zu-gruseligen-orten-deutschland-deine-spukschloesser-136811

20 *Rheinische Volksstimme*, 6. November 1910.

21 *Bavaria*, S. 337.

22 August Becker: Die Pfalz und die Pfälzer. 1858, S. 679.

23 Keller, S. 63–65.

24 Internet-Seite *http://www.theshadowlands.net/places/germany.htm.*

25 *Kölnische Zeitung*, 29. Juni 1872, S. 5.

26 *Bensberger Volkszeitung*, 3. September 1910, S. 3.

27 *Mayener Volkszeitung*, 27. Juli 1912, S. 2.

28 *La Républicain Lorraine*, 22. August 2014.

5 – Wenn das Übernatürliche auf das Irdische trifft ...

1 Hoffmann, S. 27f.

2 http://www.kirche-am-schaumberg.de

3 Zedler, Bd. 26, Sp 1619.

4 Huhn, S. 114.

5 Liedtke, S. 160.

6 *saarbruecker-zeitung.de*, 6. April 2020.

7 Lohmeyer, S. 242, Nr. 432; S. 248, Nr. 444.

8 Lohmeyer, S. 253 f.

9 *Memminger Zeitung*, 13. August 1873, S. 1.

10 Hierzenberger, S. 221; Däniken, S. 277.

11 zitiert in der *Zweibrücker Zeitung*, 27. Juni 1873.

12 *Zweibrücker Zeitung*, 29. Juni 1873.

13 *Wittener Zeitung*, 12. Juli 1891, S. 3.

14 *Sächsische Dorfzeitung*, 28. März 1893.

15 *Sauerländischer Anzeiger*, 19. Mai 1896.

16 Albert Becker, S. 111.

17 Lohmeyer, S. 339; Nr. 614.

18 Fort, S. 960; X 1995; Magin 1997.

19 *Bonner Volkszeitung*, 17. Oktober 1896.

20 https://de.wikipedia.org/wiki/Wendelin#Das_Begr%C3%A4bniswunder

21 *Bonner Volkszeitung*, 17. Oktober 1896.

22 https://de.wikipedia.org/wiki/Wendelin

23 *Dorstener Volkszeitung*, 24. Juni 1933.

24 *Pariser Tageblatt*, 21. August 1935.

25 https://www.saarland-lese.de/persoenlichkeiten/m/merten-blandine/blandine-merten/

26 https://www.heiligenlexikon.de/BiographienB/Blandina_Merten.html

27 Hutten, S. 70, 680 und 687.

28 *sol.de*, 12. März 2022.

29 *Kölnische Zeitung*, 21. September 1892, S. 1; *Sieg-Bote*, 22. September 1892, S. 5.

6 – Aberglaube und kuriose Traditionen

1 *Saarbrücker Zeitung*, 3. Januar 2012.

2 Andres, S. 247.

3 *Dortmunder Zeitung*, 8. Juni 1885.

4 *Echo der Gegenwart*, 14. September1854.

5 *Velberter Zeitung*, 22. Juli 1882, S. 2.

6 *Schwäbischer Merkur*, 23. Juni 1934.

7 Mehlis, S. 174–176.

8 *Warendorfer Tageblatt*, 7. November 1930, S. 9.

9 *Wittener Tageblatt*, 9. September 1890, S. 3.

10 *Aufwärts: christliches Tageblatt*, 7. April 1936.

11 *Rheinische Volksstimme*, 7. Juli 1905.

12 Labouvie, S. 292.

13 *Echo der Gegenwart*, 16. Oktober 1881, S. 10.

7 – Unheimliche Ungeheuer – von Raubkatzen, ...

1 Lohmeyer, S. 246.

2 Lohmeyer, S. 247.

3 *Kölnische Zeitung*, 5. Juni 1909, S. 6.

4 *Hamburger Fremdenblatt*, 13. März 1886, S. 2.

5 *Hakenkreuzbanner*, 5. Februar 1935.

6 *Kölnische Zeitung*, 5. Juni 1909, S. 6.

7 *Mitteilungen der Geographischen Gesellschaft in München*, S. 49.

8 *Ahrweiler Kreisblatt*, 1. Januar 1865, S. 2.

9 *Jagd-Zeitung*, 15. Dezember 1871, S. 710.

10 *Echo der Gegenwart*, 17. Januar 1871.

11 *Landshuter Zeitung*, 26. November 1872, S. 1350.

12 *Zweibrücker Zeitung*, 11. Januar 1874.

13 *Aachener Zeitung*, 19. Juni 1885, S. 2.

14 *Münsterischer Anzeiger*, 10. Januar 1887.

15 *Märkisches Tageblatt*, 18. Oktober 1890.

16 *Velberter Zeitung*, 17. Januar 1891.

17 *Jahreshefte des Vereins für vaterländische Naturkunde in Württemberg*, Verein für Vaterländische Naturkunde in Württemberg, Band 96, Stuttgart 1940, S. 101.

18 *Badische Presse*, 11. Dezember 1912, S. 4.

19 saarbruecker-zeitung.de, 3. und 26. Juli 2024.

20 *Deutsche Reichs-Zeitung*, 25.November 1925, S. 3.

21 Lohmeyer, S. 132, Nr. 246.

22 Lohmeyer, S. 328.

23 Becker 1858, S. 679.

24 Lohmeyer, S. 219, Nr. 415.

25 Lohmeyer, S. 220, Nr. 416.

26 saarbruecker-zeitung.de, 27. März 2024.

8 – Ungewöhnliche Tiere ...

1 *Physikalisch-ökonomische Zeitung: eine Monathsschrift*, 1. Band,1785, S. 267.

2 *Westfälische Zeitung*, 9. Juli 1892, S. 6.

3 *Mayener Volkszeitung*, 24. Oktober 1907.

4 *Duisburger General-Anzeiger*, 20. November 1923.

5 http://www.saarbruecker-zeitung.de/aufmacher/regioticker/art27969,4925780, 3. September 2013.

6 *Kölner Nachrichten*, 3. Juni 1875, S. 2.

7 *Düsseldorfer Volksblatt*, 5. Mai 1886.

8 *Die Rheinpfalz*, 11. Mai 2018.

9 *Märkisches Tageblatt*, 1. August 1888.

10 *Ruhrorter Zeitung*, 21. Oktober 1903, S. 6.

11 *Mayener Volkszeitung*, 8. Juni 1906.

12 *Der Grafschafter*, 1. Juli 1943.

13 *Dortmunder Kreisblatt*, 2. Oktober 1886.

14 *Bergheimer Zeitung*, 19. September 1941.

15 *Volksfreund*, Trier, 9. Juni 2008; 30. Dezember 2010.

16 *Volksfreund*, Trier, 16. Juli 2009.

17 *Volksfreund*, Trier, 9. Juni 2017.

18 *www.sr.de*, 4. April 2018.

19 *Rhein-Zeitung*, 16. April 2018.

20 *Blaulichtreport-Saarland.de*, 20. Juli 2021.

21 *zeit.de*, 12. Februar 2024; *faz.net, zdf.de*, 13. Februar 2024.

22 *Rhein- und Ruhrzeitung*, 26. Januar 1880, S. 3.

23 *Niederrheinische Volkszeitung*, 16. März 1937, S. 9.

24 *Pursuit* 1/1985.

25 *Kempener Zeitung*, 25. August 1894, S. 3.

26 *Spiegel.de*, 12. Mai 2016.

9 – Menschliche Wunder und Kuriositäten

1 *Weißeritz-Zeitung*, 30. April 1926, S. 2.
2 *Der Erft-Bote*, 15. Juli 1922, S. 3
3 *Volksblatt für den Kreis Mettmann*, 8. Mai 1875, S. 3.
4 *Honnefer Volkszeitung*, 15. September 1965, S. 1.
5 *Niederrheinische Volkszeitung*, 30. Juni 1936.
6 *Köln-Bergheimer Zeitung*, 21. Dezember 1889.
7 *Bonner Volkszeitung*, 2. April 1891.
8 *Volksblatt für Bergisch Gladbach*, 18. März 1902, S. 2.
9 *Dorstener Volkszeitung*, 19. Juli 1912.
10 *Der Landbote*, 3. Juni 1919, S. 3.
11 *Bonner Volkszeitung*, 14. Februar 1896, S. 1.
12 *Mayener Volkszeitung*, 5. Juni 1906, S. 2.
13 *Mittelbadischer Courier*, 17. September 1912, S. 3.
14 *Der Grafschafter*, 10. April 1923.
15 *Rheinischer Merkur*, 3. August 1909.
16 *Mülheimer Zeitung*, 25. Juni 1910, S. 7.
17 *Gladbacher Volkszeitung*, 2. Dezember 1880.
18 *Württemberger Zeitung*, 5. September 1925, S. 5.
19 *Der Erft-Bote*, 26. Februar 1896, S. 3.
20 *General-Anzeiger*, 28. Juni 1901, S. 7.
21 *General-Anzeiger*, 11. November 1893.
22 *Kölnische Zeitung*, 30. März 1865
23 *Der Erft-Bote*, 6. Dezember 1943; *Bergische Landes-Zeitung*, 7. Februar 1944.
24 *Mannheimer Morgen*, 25. September 1958.
25 *Saarbrücker Zeitung*, 29. Oktober 2022.
26 *Bergische Zeitung*, 29. Juli 1882.
27 *Ratinger Zeitung*, 30. Oktober 1897, S. 3.
28 *Duisburg-Ruhrorter Zeitung*, 25. September 1909, S. 10.
29 *Ohligser Anzeiger*, 17.Juli 1905, S. 3.
30 *Honnefer Volkszeitung*, 22. Juni 1904, S. 2.
31 *Aachener Anzeiger*, 5. Oktober 1890, S. 5.
32 *Iserlohner Kreisanzeiger*, 3. Januar 1934.
33 *Velberter Zeitung*, 12. Februar 1935, S. 10.
34 *Dortmunder Zeitung*, 27. Juni 1900.
35 *Rheinische Volksstimme*, 14. Februar 1907, S. 3.
36 *Bonner Volkszeitung*, 7. April 1886.
37 *Bergische Wacht*, 2. Oktober 1909.
38 *Haaner Volks-Zeitung*, 24. Oktober 1911.

39 *Bergische Wacht*, 25. Juni 1912, S. 3.

40 *Medicinische Woche*, 1903, S. 280.

41 Siegnot Lang, Michael Lehmair; Pabel Verlag, Hrsg., S. 94–95.

10 – Von Leys und Raumfahrern ...

1 Watkins, 1925, S. 218.

2 Die mir bekannten Systeme wurden in „Geheimnisse des Saarlandes" beschrieben.

3 Fester, S. 235.

4 Lohmeyer, S. 121.

5 Lohmeyer, S. 324.

6 Lohmeyer, S. 103, Nr. 194.

7 Die Seite http://cms.dekanat-ahr-eifel.de/bistum-trier/Integrale?SID=CRAWLER&MODE=ReferenceDialog&MODULE=Frontend&ACTION=ViewPageView&PageView.PK=31&Document.PK=50279, der ich diesen Hinweis verdanke, ist nicht mehr abtrufbar.

8 Adler, S. 51.

9 Möller, S. 171–173.

10 Briegel, S. 5–7.

11 https://seezeitlodge-bostalsee.de/die-lodge/

12 https://www.saarbruecker-zeitung.de/saarland/st-wendel/oberthal/momberg-bei-gronig-hat-jetzt-eine-energietankstelle_aid-32857045, 10. September 2018.

13 Landspurg.

14 Pinter, 20–21.

15 Bärsch, S. 6–7.

16 Schmitt 1830, S. 126–127.

17 Hoppstädter et al., S. 37.

18 https://de.wikipedia.org/wiki/Tintinnabulum_(Bronzezeit)

19 Michelbacher und Echt.

20 Wels-Weyrauch, S. 123.

21 https://de.wikipedia.org/wiki/Tintinnabulum_(Bronzezeit)

22 Anhäuser, S. 114.

23 Anhäuser, S. 212.

24 Anhäuser, S. 183.

25 Anhäuser, S. 99.

26 Anhäuser, S. 96, 97.

27 Anhäuser, S. 229.

28 Anhäuser, S.267, 271.

29 Anhäuser, S. 226.

30 Anhäuser, S. 191.

31 Anhäuser, S. 202.

32 Anhäuser, S. 92.

33 Anhäuser, S. 232, 235.

34 Anhäuser, S. 163.

35 Anhäuser, S. 244, 246.

36 Anhäuser, S. 236, 238.

37 Anhäuser, S. 232.

38 Anhäuser, S. 193.

39 Anhäuser, S. 208.

40 Anhäuser, S. 202.

41 Pörtner, S. 367–369; Aus'm Weerth 1870.

42 Eitelmann, http://www.schabespuren.de/wetzrillen/index.php/Fundorte

43 Fritsch, S. 236.

44 Schrickel, S. 116.

45 Kolling,S. 42, 44.

46 Fester, S. 236.

47 siehehttps://www.indiana-stones.de/mystische-st%C3%A4tten/mystische-st%C3%A4tten-in-s%C3%BCddeutschland/steinh%C3%B6hle-zweibr%C3%BCcken/

48 Rolshausen.

49 Kolosimo, S. 58, 60.

50 Kleinhubbert 2024.

51 https://de.wikipedia.org/wiki/Hollerburg

52 Becker 1858, S. 679.

53 *Kempener Zeitung*, 14. Dezember 1895, S. 2.

54 *Solinger Tageblatt*, 27. Januar 1927, S. 6.

55 *General-Anzeiger*, Bonn, 15. Juni 1936.

11 – Archäologie Kuriositäten ...

1 *Sozialdemokrat*, 14. Januar 1931, S. 2.

2 *Welt am Sonnabend*, 28. April 1934.

3 *Neue Mannheimer Zeitung*, 9. April 1929.

4 *Neue Mannheimer Zeitung*, 25. Januar 1935.

5 *Heidelberger Volksblatt*, 12. Januar 1935.

6 *Kölner Nachrichten*, 12. Mai 1871, S. 2.

7 *Paderborner Anzeiger*, 1. Dezember 1929.

8 *Haaner Zeitung*, 21. Dezember 1934.

9 *Heidelberger Volksblatt*, 25. Juni 1935.

10 *Dortmunder Zeitung*, 7. August 1938.

11 https://de.wikipedia.org/wiki/Menhir_von_Konz; Groht, S. 335.

12 *saarbruecker-zeitung.de*, 26. April 2021; https://de.wikipedia.org/wiki/Paul_Schneider_(K%C3%BCn

stler).

[13] *Kölnische Zeitung*, 5. Februar 1853, S. 4.

[14] *Bonner Volkszeitung*, 17. Oktober 1883.

[15] *Rhein- und Ruhrzeitung*, 4. Juli 1891.

[16] *Kölner Nachrichten*, 12. Mai 1871.

[17] *Central-Volksblatt für den Regierungsbezirk Arnsberg*, 20. Juni 1863.

[18] *Kölnische Zeitung*, 29. Juli 1900.

[19] Stein, S. 15.

[20] so etwa die *Bonner Zeitung*, 8. März 1927, S. 10.

[21] *Anzeigenblatt für Witten-Annen*, 10. Januar 1935.

[22] Fichtl, S. 20, 26.

[23] https://de.wikipedia.org/wiki/Alter_Turm_(Mettlach)

[24] *Kölner Lokal-Anzeiger*, 21. September 1890, S. 10.

[25] *Aachener Anzeiger*, 21. Januar 1939.

[26] *Bergische Wacht*, 5. Februar 1927.

12 – Von Gespenstern bewacht ...: Schätze

[1] Lohmeyer, S. 90, Nr. 166.

[2] Lohmeyer, S. 133, Nr. 248.

[3] Lohmeyer, S. 56, Nr. 68.

[4] Lohmeyer, S. 193, Nr. 356.

[5] Lohmeyer, S. 201, Nr. 369.

[6] Lohmeyer, S. 217, Nr. 393.

[7] *Rheinischer Merkur*, 19. Dezember 1898, S. 2.

[8] *Westdeutsche Landeszeitung*, 21. März 1923.

[9] *Wochenblatt für Zschopau*, 16. Juni 1914, S. 5.

[10] *Rheinischer Merkur*, 29. Januar 1894, S. 2.

[11] Lohmeyer, S. 26, Nr. 468.

[12] Loymeyer, S. 183, Nr. 340.

13 – Geologische Rätsel und Geheimnisse

[1] Lohmeyer, S. 184, Nr. 358.

[2] Janssen, S. 420.

[3] *Bergische Landes-Zeitung*, 30. Juli 1932.

[4] https://www.spektrum.de/lexikon/geowissenschaften/intermittierende-quelle/7612

[5] *Dresdner Nachrichten*, 22. Juli 1881.

[6] *Münsterischer Anzeiger*, 5. August 1900.

[7] *Rheinische Volksstimme*, 31. August 1896.

8 *Badische Presse*, 12. Mai 1943.

9 *Wittener Anzeiger*, 5. Januar 1869.

10 *Rheinische Volksstimme*, 1. Juli 1906.

11 *Der Volksfreund*, Baden, 29. November 1907.

12 *Paderborner Anzeiger*, 8. Oktober 1902.

13 *Hamborner Volks-Zeitung*, 14. Oktober 1925.

14 *Der sächsische Erzähler*, 4. Februar 1925.

15 *Dresdner neueste Nachrichten*, 17. Januar 1934, S. 2.

16 *Kölnische Zeitung*, 21. April 1929.

17 *Neckar-Bote*, 14. Juli 1936.

18 *Honnefer Volkszeitung*, 30. September 1952.

19 Holzach, S. 44–45.

20 *Bonner Zeitung*, 21. April 1915, S. 3.

21 *Leipziger Tageblatt und Handelszeitung*, 20. April 1906.

22 *Kölnische Zeitung*, 20.04.1906, S. 2.

23 *Saale-Zeitung*, 16. August 1907; *Iserlohner Kreisanzeiger*, 17. August 1907.

24 *Kölnische Zeitung*, 3. November 1869, S. 6.

25 *Kölnische Zeitung*, 2. September 1878, S. 4

26 *Westdeutsche Landeszeitung*, 18. November 1911, S. 2.

27 *Niederrheinisches Tageblatt*, 7. Januar 1933.

14 – Unwetter und Wettergewalten

1 *Aachener Zeitung*, 21. Mai 1853, S. 2.

2 *Düsseldorfer Volksblatt*, 4. August 1878, S. 2.

3 *Rhein- und Ruhrzeitung*, 16. Mai 1891, S. 8.

4 *Rheinischer Merkur*, 22. Februar 1892, S. 3.

5 *Münsterischer Anzeiger*, 14. Juni 1894, S. 3.

6 *Bielefelder General-Anzeiger*, 29. Oktober 1912.

7 *Schwäbischer Merkur*, 3. Juni 1934.

8 *heute*, 16. Mai 2024.

9 *heute; RTL; ntv*, 17. Mai 2024.

10 *Der Erft-Bote*, 19. August 1891, S. 3.

11 *Bonner Volkszeitung*, 1. August 1895, S. 1.

12 *Wittener Volks-Zeitung*, 8. Juni 1910.

13 *Rheinischer Merkur*, 16. August 1906; *Sieg-Bote*, 18. August 1906.

14 *Langenberger Zeitung*, 27. Juni1910.

15 *Badische neueste Nachrichten*, 9. Juli 1952.

16 *Bonner Zeitung*, 1. Dezember 1882, S. 2.

17 https://undine.bafg.de/rhein/extremereignisse/rhein_hw1882_83.html

18 *Rhein- und Ruhrzeitung*, 11. März 1884.

15 – Die launische Saar und die tückische Blies ...

1 *Gemeinnütziges Wochenblatt für Geilenkirchen*, 20. April 1844.

2 *Rhein- und Ruhrzeitung*, 23. Juli 1879.

3 *Dresdner Nachrichten*, 5. Januar 1880.

4 *Kölnische Zeitung*, 30. November 1882, S. 7.

5 *Der sächsische Erzähler*, 8. Juni 1887.

6 *Honnefer Volkszeitung*, 27. November 1890.

7 *Ruhrorter Zeitung*, 19.Januar 1895.

8 *Rhein- und Ruhrzeitung*, 15. November 1895.

9 *Badische Landes-Zeitung*, 11. März 1896; *Rheinischer Merkur*, 6. Februar 1897; *Neues Tagblatt und General-Anzeiger für Stuttgart und Württemberg*, 10. September1897.

10 *Mülheimer Zeitung*, 5. Januar 1899, S. 2.

11 *Schwäbischer Merkur*, 16. September 1901.

12 *Rhein- und Ruhrzeitung*, 8. Februar 1910.

13 *Hörder Volksblatt*, 25. Februar 1910.

14 *Walder Zeitung*, 9. Januar 1912; *Mülheimer Volkszeitung*, 8. März 1912, S. 2.

15 *General-Anzeiger*, 28. März 1914; *Kölnische Zeitung*, 19. November 1924; *Hildener Rundschau*, 29. Dezember 1925.

16 *Dorstener Volkszeitung*, 20. Februar 1926.

17 *Deutsche allgemeine Zeitung*, 16. Februar 1928.

18 *General-Anzeiger*, 28. November 1928; *Echo der Gegenwart*, 26. Februar 1929.

19 *Ohligser Anzeiger*, 8. Oktober 1930.

20 *Godesberger Volkszeitung*, 11. Oktober 1930.

21 *Wittener Volkswacht*, 24. November 1930.

22 *Hörder Volksblatt*, 5. September 1931; *Dorstener Volkszeitung*, 10. September 1931.

23 *Kölnische Zeitung*, 9. Januar 1932; *Der Grafschafter*, 6. Dezember 1935.

24 *Bergische Landes-Zeitung*, 18. Juni 1942.

25 https://www.sr.de/sr/home/nachrichten/dossiers/60_jahre_saarland/60jahre_saarland_jahrhundert hochwasser100.html

26 *Allgemeiner Anzeiger für Rheinland-Westphalen*, 19. November 1857.

27 *Kölner Nachrichten*, 3. Juni 1875.

28 *Bonner Zeitung*, 23. Juli 1870.

29 *Velberter Zeitung*, 29. August 1934.

30 *Oberbergischer Bote*, 29. Juni 1938.

31 *Echo der Gegenwart*, 12. Januar 1854.

32 *Bonner Zeitung*, 7. Februar 1855.

33 *Rhein- und Ruhrzeitung*, 3. Januar 1880.

34 *Rhein- und Ruhrzeitung*, 26. Januar1891; *Vorwärts*, Dienstag, 27. Januar1891.

35 *Kölnische Zeitung, Bonner Volkszeitung*, 28. Januar 1893.

36 *Neues Tagblatt und General-Anzeiger für Stuttgart und Württemberg*, 18. Januar 1894.

37 *Kölnische Zeitung*, 14. Dezember 1899.

38 *Honnefer Volkszeitung*, 26. Februar 1929, S. 3.

39 *Dortmunder Zeitung*, 14. Dezember1933.

40 *saarbruecker-zeitung.de*, 23. Januar 2017.

Literaturverzeichnis

Adler, W.: Grabungen am Barockschloss Monplaisir. *Archäologie in Deutschland* 4/2016, S. 51.

Altenkirch, Gunter: *Volks- und Aberglauben: Gegenständliche Belege aus dem Saarland und angrenzenden Gebieten.* Saarbrücken: Geistkirch 2017.

Anhäuser, Uwe: *Vom Druidenstein zum Hunnenring: 80 keltische Bergbefestigungen zwischen Rhein, Mosel, Saar und Vogesen.* Ingelheim: Leinpfad Verlag 2018.

Aus'm Weerth, Ernst: *Die Fälschung der Nenniger Inschriften.* Bonn: Adolph Marcus 1870.

Bärsch, Georg: *Einige Nachrichten ueber: 1. Den Steinring bei Otzenhausen im Landkreise Trier, 2. Castell im Kreise Saarburg und über frühere Besitzer desselben, insbesondere über König Johann von Böhmen, Grafen von Luxemburg, 3. Monclair im Kreise Merzig und dessen frühere Besitzer.* Trier: Hrsg. A. Schriever 1839.

Bavaria, Landes- und Volkskunde des Königreichs Bayern, bearb. von einem Kreise bayerischer Gelehrter. 4. Band. München: J. G. Cotta'sche Buchhandlung 1867.

Becker, Albert: *Pfälzer Volkskunde.* Bonn und Leipzig: Verlag Kurt Schroeder 1925.

Becker, August: *Die Pfalz und die Pfälzer.* Leipzig: J. J. Weber 1858.

Briegel, Wilfried: Die Spiralen des Gottes Lug. *Sign* 1, S. 5–7.

Däniken, Erich von: *Erscheinungen*, München: Heyne 1974.

Fester, Richard: *Die Steinzeit liegt vor deiner Tür. Ausflüge in die Vergangenheit.* München: Kösel 1983.

Fichtl, F. 1985. *Der Teufel sitzt im Chorgestühl.* Eschbach, Verlag am Eschbach 1985.

Fort, Charles: *The Complete Books.* New York: Dover 1974.

Fritsch, Thomas: Das latènezeitliche und römische Verkehrswegenetz in der Mikroregion um den Ringwall „Hunnenring" von Otzenhausen. Erstellung eines Modells anhand der Laser Airborne Scanning Methode. http://www.academia.edu/10081632/Das_lat%C3%A8nezeitliche_und_r%C3%B6mische_Verkehrswegenetz_in_der_Mikroregion_um_den_Ringwall_Hunnenring_von_Otzenhausen._Erstellung_eines_Modells_anhand_der_Laser_Airborne_Scanning_Methode

Groht, Johannes: *Menhire in Deutschland.* Nünnerich-Asmus 2013.

Hierzenberger, Gottfried und Nedomansky, Otto: *Erscheinungen und Botschaften der Gottesmutter Maria.* Augsburg: Pattloch, 1993.

Hoffmann, E. T. A.: *Die Elixiere des Teufels.* Köln: Könemann 1994.

Holzach, Michael: *Das vergessene Volk.* Hamburg: Hoffmann & Campe 1980.

Hoppstädter, Kurt; Herrmann, Hans-Walter; Dehnke, Erhard. *Geschichtliche Landeskunde des Saarlandes: Vom Faustkeil zum Förderturm.* Mönchengladbach: Minerva-Verlag 1978.

Huhn, Eugen Hugo Theodor: *Geschichte Lothringens, Band 1.* T. Grieben 1877.

Hutter, Kurt: *Seher, Grübler, Enthusiasten.* Stuttgart: Quell-Verlag 1968.

Janssen, Johannes: *Geschichte des deutschen Volkes seit dem Ausgang des Mittelalters.* Freiburg: Herder'sche Verlagshandlung 1892.

Junkes, Mario: *Sagen und Legenden aus dem Saarland.* Daun: Regionalia 2022.

Kauert, Peter und Magin, Ulrich: *Spukorte in der Pfalz.* Neustadt/W.: AGIRO 2022.

Keller, Jules: *Die jenseitige Welt ist nicht verschlossen: das Elsass in der Tradition der volkstümlichen Geistergeschichten aus dem 18. und 19. Jahrhundert.* P. Lang, 2001.

Kleinhubbert, Guido: Zweibrücken in der Pfalz: Das Rätsel des „Himmelsbergstollens". *www.spiegel.de*, 26. April 2024.

Kolling, Alfons: Gibt es in der Pfalz vorgeschichtliche Felsbilder? Eine kritische Stellungnahme zu d. Veröffentlichungen von Ing. Ludwig Schmidt u. d. Professoren Wirth u. Kühn. *Pfälzer Heimat* 31, 1, 1980, S. 41–46.

Kolosimo, Peter: *Unbekanntes Universum.* Berlin: Ullstein 1991.

Labouvie, Eva, in Eva Kreissl, Hrsg.: *Kulturtechnik Aberglaube: Zwischen Aufklärung und Spiritualität.* transcript Verlag 2014.

Landspurg, Adolphe: *Orte der Kraft und Energie in Deutschland: geomantische Wandererlebnisse mit einem Rutengänger.* https://d-nb.info/997110767/04

Lang, Siegnot und Lehmair, Michael: Elektrische Umwelt und Leistungsfähigkeit. *Ki Klima + Kälteingenieur.* Band 5, Februar 1977, S. 61–66.

Liedtke, Rüdiger: *111 Heilige im Rheinland, die man kennen muss.* Köln: Emons 2020.

Lohmeyer, Karl: *Die Sagen der Saar.* Saarbrücken: Geistkirch 2011.

Magin, Ulrich: More on the Rastatt Crosses. *The INFO Journal* 78, Herbst 1997, S. 32. 1997.

Magin, Ulrich: Der Held, der keiner war. *ZEIT Verbrechen* 7, Herbst 2020, S. 8–15.

Mariotte, Ruth: *Elsass und Vogesen.* Köln: DuMont 2000.

Mehlis, Dr. C.: Der „Hexenhammer" von Dörrenbach in der Pfalz und Verwandtes. *Globus*, Band 93, Verlag des Bibliographischen Instituts 1908, S. 174–176.

Michel, Aime: *Flying Saucers and the Straight Line Mystery.* New York: Criterion 1958.

Michelbacher, Stefan und Echt, Rudolf: Die Bronzezeit zum Klingen gebracht: ein Tintinnabulum aus Wallerfangen. https://antikewelt.de/2021/06/10/die-bronzezeit-zum-klingen-gebracht-tintinnabulum/

Mitteilungen der Geographischen Gesellschaft in München, Bände 2–3, Geographische Gesellschaft in München, 1907.

Möller, Jens: *Geomantie in Mitteleuropa.* Freiburg: Aurum 1995.

Pabel Verlag, Hrsg.: *UFO. Jahrbuch über Utopie und Wirklichkeit 1976.* Rastatt: Erich Pabel Verlag 1975.

Peifer, Holger Mathias: *Mystische Pfade Saarland.* München: Bruckmann 2023.

Pinter, Hans: Der heilige Hain von Keßlingen. *Germanien* 1935, 1, 20–21.

Pörtner, Rudolf: *Mit dem Fahrstuhl in die Römerzeit.* Düsseldorf: Econ 1959.

Richard Andres: Der Hexenglaube in Deutschland am Ende des 19. Jahrhunderts. *Globus*, Band LXV, Nummer 15, März 1894, S. 247.

Rolshausen, Martin: „Er hängt so tot da rum" – Ein Saarbrücker kämpft dafür, dass die Stadtgeschichten wie die vom geizigen Bäcker nicht in Vergessenheit geraten. *https://www.saarbruecker-zeitung.de/saarland/saarbruecken/saarbruecken/geiziger-baecker-saarbruecken_aid-2472514*, 19. Juli 2017.

Schmitt, Philipp: *Der Kreis Saarlouis und seine nächste Umgebung unter den Römern und Celten.* Trier: Lintz'sche Buchhandlung 1830.

Schroot, Hrsg.: *Der praktische Universal-Ratgeber.* Ernst Janson: Schnepfental ca. 1903.

Stein, Günter: *Burgen und Schlösser in der Pfalz.* München: Knaur 1988.

Watkins, Alfred: *The Old Straight Track.* Hereford: Watkins Meter Company 1925.

Wels-Weyrauch, Ulrike: *Die Anhänger und Halsringe in Südwestdeutschland und Bayern.* (Prähistorische Bronzefunde, Abteilung X I, Band 1) München: C. H. Beck 1978, S. 123.

X: The Mysterious Crosses of 1872. *The INFO Journal* 73, Sommer 1995, S. 22–24, 34.

Zedler, Johann Heinrich: *Grosses vollständiges Universal-Lexicon Aller Wissenschafften und Künste.* Halle und Leipzig: Johann Heinrich Zedler 1731–1750.

Bildquellen

Cover: Bernd Kissel

Autor: Susanne Noll

Seite 9: Tourismus Zentrale Saarland

Seite 11: wikimedia.org

Seite 14: Tuohirulla, wikimedia.org

Seite 22: Navicore, wikimedia.org

Seite 24: Archiv Ulrich Magin

Seite 32: privat

Seite 34: Ulrich Magin

Seite 35: Dktue, wikimedia.org

Seite 36: Ulrich Magin

Seite 38: Stefan Hahmann

Seite 39: Ulrich Magin

Seite 42: Archiv Ulrich Magin

Seite 46: Ulrich Magin

Seite 55: wikimedia.org

Seite 64: EPei, wikimedia.org

Seite 66: LoKiLeCh, wikimedia.org

Seite 70: Archiv Ulrich Magin

Seite 75: Pascal Dihé, wikimedia.org

Seite 79 (l.): Ulrich Magin

Seite 79 (r.): Lviatour, wikimedia.org

Seite 81: Ulrich Magin

Seite 66: LoKiLeCh, wikimedia.org

Seite 84: Archiv Ulrich Magin

Seite 86: Ulrich Magin

Seite 87: Ulrich Magin

Seite 88: Gerd Braun

Seite 94: Benjamint444, wikimedia.org

Seite 97: Polizeiinspektion Zweibrücken

Seite 108: Zeitungausschnitt

Seite 114: Archiv Ulrich Magin

Seite 118: Foto: EHaseler, wikimedia.org

Seite 230: wikipedia.org

Seite 123: Landesdenkmalamt Saarland
Seite 124: HappyShare, wikimedia.org
Seite 128: S. J. Miba, wikimedia.org
Seite 134 (o.): Florian Brunner
Seite 134 (u.): Ulrich Magin
Seite 135: Brostoler, wikimedia.org
Seite 136: Florian Brunner
Seite 138 (o.): Verena und Joachim Hüther
Seite 138 (u.): Thomas Roessler, wikimedia.org
Seite 140: GDelhey, wikimedia.org
Seite 143 (o.): Helge Klaus Rieder, wikimedia.org
Seite 143 (u.): Paul Schneider, wikimedia.org
Seite 144: wikimedia.org
Seite 148 (2 o.): Sol Octobris, wikimedia.org
Seite 148 (u.): Ulrich Magin
Seite 152: Ulrich Magin
Seite 157: Strauchs Wanderlust
Seite 168: Edward Aspera Jr., United States Air Force,.wikimedia.org
Seite 173: NobbiP, wikimedia.org
Seite 177/178: Stadtarchiv Saarbrücken

Zum Autor

Ulrich Magin

geboren 1962 in Ludwigshafen/Rhein, beschäftigt sich seit mehr als 40 Jahren mit unheimlichen Phänomenen, modernen Sagen und archäologischen Ungereimtheiten. Sein besonderes Interesse gilt geheimnisvollen Begegnungen und mysteriösen Orten in Deutschland sowie Mysterien in und über Seen. Neben zahlreichen Artikeln in populären Magazinen und Fachzeitschriften hat er u.a. die Bücher *Von Ufos entführt, Trolle Yetis Tatzelwürmer, Geheimwissenschaft Geomantie* und *Der Ritt auf dem Kometen* sowie mehrere Romane verfasst.

Er lebt heute mit seiner Frau in der Nähe von Bonn.

Ebenfalls von Ulrich Magin im Geistkirch Verlag erschienen:

Geheimnisse des Saarlandes

Geister - Wunder - Hinkelsteine
Über Unerklärliches und Unheimliches an der Saar

Broschur | 192 Seiten | Format 17 x 24 cm

ISBN 978-3-946036-53-1

19,80 Euro

www. GEISTKIRCH.de